#CAVAALLER #ALLEZMÊMEPASPEUR

#TUESADULTE
#MONEY #QUESTCEQUETUFAISLÀ
#LABROUSSECOMPLÈTE
#MONDEDADULTES
#RENTRÉEDUNAUTREJOUR #CAVAALLER

PREMIERJOUR
MONEYMONEYMONEY
#ALLEZMÊMEPASPEUR #ARCHIPRÊTE

#YOUCANDOIT
#CAVAA

#TUMEPRÊTES5EUROS

#JESUISRICHE #BONJOURMONSIEURLEBANQUIER

#BOUCLERSESFINSDEMOIS
#Money #COMMENTGÉRERSONARGENT
#MINIKIFDESALARIÉ

www.404-editions.fr

404 ÉDITIONS
Un département d'Édi8,
12, avenue d'Italie, 75013 Paris.

Adapté de la websérie *Jeune Diplômée*.
©TWINCATS PRODUCTIONS 2015. Tous droits réservés.
Le nom, les images, le concept, l'univers, les personnages et les histoires de l'ouvrage *Jeune Diplômée* sont issus de la websérie du même nom, propriété de Twincats Productions.

©2016 404 éditions
PHOTOGRAPHIE DE COUVERTURE :
Photo de Tiphaine HAAS ©Vikram Gounassegarin 2015
ILLUSTRATIONS : Mathilde Morieux
MAQUETTE : SKGD-Créations
SUIVI ÉDITORIAL : Ludivine Irolla
RELECTURE ET CORRECTIONS : Ségolène Estrangin

ISBN : 979-1-0324-0054-8
Dépôt légal : septembre 2016
Imprimé en Espagne

JEUNE DIPLÔMÉE

Chroniques d'une
jeune diplômée ~~chômeuse~~

SHANNON RENAUDEAU

AVEC LA PARTICIPATION D'ALICE AGUIRREGABIRIA

JEUNE DIPLÔMÉE

Chroniques d'une
jeune ~~diplômée~~
chômeuse

4D4
EDITIONS

Paris, le 3 juin 2015

Chers professeurs, chers parents et surtout : chers diplômés,

Je suis honoré et ému de vous accueillir aujourd'hui au sein de notre chaleureuse école pour célébrer comme il se doit l'obtention des diplômes de notre excellente promotion 2015.

Vous pouvez être fiers de vous.

Vous avez franchi de nombreux obstacles : deux années de classe préparatoire, cinq semaines de concours, quatre années d'école, douze mois de stages, un mémoire de 60 pages, des examens rigoureux...
Si vous avez eu la chance d'évoluer dans un environnement particulièrement enrichissant, ce diplôme est avant tout un aboutissement personnel.
Fruit de plus de cinq ans de dur labeur, il vous accompagnera tout au long de votre vie dans votre épanouissement, tant professionnel que personnel.

Le dicton de notre école - "La passion de l'excellence" - a une résonance toute particulière aujourd'hui. En tant que directeur de cet établissement exemplaire, je ne suis pas peu fier d'avoir devant moi 287 excellents jeunes diplômés.

Aujourd'hui, c'est une page qui se tourne dans votre vie ;
le monde estudiantin laisse place au monde du travail. La tête haute et le bagage intellectuel solide, vous attaquez cette transition avec force, détermination et ambition.
Forts de votre parcours, vous avez devant vous un avenir dont je sais qu'il sera fascinant, radieux et empreint de succès.

Jeunes diplômés, soyez excellents, allez de l'avant !
Votre avenir vous attend...

Ça fait six ans que t'attends ça.
Fini les cours, les exposés en groupe, les rapports
de stage et les mémoires interminables.
À toi la vraie vie, à toi la liberté !
À toi le boulot de rêve, les brunchs entre copines
le samedi matin, les après-midi shopping à n'en plus finir
parce que ça y est, t'as un salaire.
À toi l'épanouissement professionnel, le job de tes rêves,
celui qui te fait sortir de ton lit le matin avant ton réveil.
Alors certes, faut le trouver, ce boulot.
Mais le directeur te l'a dit et redit : ton avenir t'attend.
Ça ne devrait pas être une tannée,
en un mois, c'est plié.

Allez, chop chop, jeune diplômée !

Première partie

CHAPITRE 1
Le premier jour du reste de ta vie

" Libérée, délivrée !
Les étoiles me tendent les bras !
Libérée, délivrée !
Non, je ne pleure pas !
Me voilà, oui, je suis là
Perdue dans l'hiver..."

« Libérée, délivrée »
Anaïs Delva,
La Reine des Neiges.

Tu t'appelles Alice Vincenti, tu as 24 ans et tu es, depuis peu, jeune diplômée.

Après quatre années d'école, tu as fini par décrocher le fameux Graal (ton diplôme en management) et tu fais officiellement partie des « jeunes diplômés » de ce monde dont l'avenir radieux n'a plus qu'à être dessiné.

Ça claque.

Mais commençons par le début.

ACTE I - TON BAC

Flash-back 2 juillet 2009 Après une scolarité plutôt sans encombre, Anne, ta mère quasi cinquantenaire dont la gestion du stress est une mission de chaque instant, t'accompagne au lycée Paul Bert pour découvrir la moyenne de ton bac scientifique, spé physique. Le stress est au rendez-vous. Elle te dépose en voiture. Elle coupe le contact et détache sa ceinture. Tu lui demandes gentiment :

« Ça t'embêterait de m'attendre ici ? C'est assez chaud comme quartier, faudrait pas que tu te prennes un PV. »

Elle comprend ta parade, sourit et reboucle sa ceinture. T'as raison, elle t'attend là.

Tu retrouves Caro, ta meilleure pote, devant le lycée. Vous vous étiez donné rendez-vous à 50, il est 55. Elle est fumasse (elle est du genre très ponctuel). Tu mets ça sur le dos de ta mère. Ça passe.

Vous poussez les portes du lycée, slalomez entre les hystériques (« C'est le plus beau jour de ma vie ! ») et les blasés (« Franchement, y a pas de mérite, c'était hyper simple cette année »), découvrez le grand tableau blanc et cherchez vos noms.

ALICE VINCENTI...
14/20...
MENTION BIEN.

Ma-zette !

T'as bossé comme un chien pour ce bac, surtout en philo. T'as lu toutes les fiches, fait tous les exams blancs, épluché tous les corrigés. Tu t'es donnée.

T'étais pas trop mauvaise en maths. À la fin de la seconde, on t'a dit que la filière scientifique t'ouvrirait le plus de portes ; sur quoi, tu savais pas trop, mais ça avait l'air bien. Trois ans plus tard, t'as rendu tous tes devoirs, appris tous tes cours, lu tous les bouquins, passé tous tes exams. Et ça y est. T'as fini.

Tu regardes Caro. Elle a eu 12,5. Mention Assez bien. Un miracle. Vous sautez de joie.

Une bonne chose de faite.

ACTE II - TA PRÉPA

4 juillet 2011 Il est 9 h 52. Ça fait plus de trois heures que tu es levée, deux que tu bois du thé et une demi-heure que tu actualises sur le site de résultats des concours (tu voulais t'y mettre dès 6 heures du mat, mais t'as peur du mauvais karma). T'as dormi par intermittence en multipliant les cauchemars d'une vie placée sous le signe de l'échec, de la déchéance, de la déprime et du malheur généralisé.

À 10 h 01, après 84 actualisations frénétiques, tu apprends avec stupéfaction que tu es prise dans l'une des écoles de commerce de ton top 5. Bonheur, joie, fierté. Tu fais un câlin à ta mère pour sécher ses larmes, embrasse ton père, qui s'est fendu d'un « bravo ma chérie », sobre mais efficace. Tu comprends qu'il est fier de toi. Ton cœur bat à 200 pulsations par seconde, il va pas tarder à décoller. Comme toi finalement. Devant toi, l'eldorado. Il paraît que t'as fait le plus dur...

ACTE III - TON DIPLÔME

3 juin 2015 Les 287 étudiants de ta promo et les deux membres de leur famille autorisés ont rempli l'amphi de l'école. Sous ta toge noire louée pour l'occasion, t'as mis ta nouvelle robe bleue, celle qui te fait des jambes à la Gisele (dixit ta mère, donc à tempérer). T'as même un petit chapeau de diplômée des campus américains - *#MerciLaMondialisation.*

Le directeur fait son speech ; tu te sens pousser des ailes.

Chacun son tour, les étudiants traversent l'estrade pour serrer la main du directeur, qui remet officiellement le diplôme, feuille A4 grimée qui vient sceller ton parcours éducatif, à jamais. Rien que ça. *#PaieTonBoutDePapier.*

T'attends sagement en file indienne qu'on appelle ton prénom. Ça te rappelle de mauvais souvenirs de moyenne section où tout déplacement se faisait dans une organisation rectiligne quasi militaire.

T'es en plein dans tes souvenirs quand t'entends un « Alice Vincenti » lointain et tu sens ta voisine te donner une petite impulsion dans le dos.

Un pas devant l'autre et tu recommences.
T'essaies de retrouver tes parents dans l'assemblée. À part le directeur qui est en train de serrer la pince de ton prédécesseur en mode pilote automatique, tout est flou – étrange, t'as pourtant une vue parfaite. Tu te souviens de ta mère qui t'a briefée comme si tu passais le concours Miss France :

« N'oublie pas de sourire, ton père va prendre plein de photos. »

Tu souris. Un pas devant l'autre. Tu serres une main. Un pas devant l'autre. Tu poses pour une photo. Tu souris. Un pas devant l'autre. Tu recommences. C'est fini.
Tu as officiellement terminé tes études.

Tu n'es plus étudiante,

TU ES DIPLÔMÉE.

Nuance. Et pas des moindres.

Ça y est. Tu as complété les 120 crédits nécessaires à l'obtention de ton diplôme en management. Tu as rendu ton mémoire de 62 pages (sans les annexes), effectué deux stages de six mois et validé tes rapports correspondants, exposé avec brio 12 présentations PowerPoint d'équipe, participé à une campagne d'élection pour le bureau des sports (infructueuse mais particulièrement enrichissante, dixit ton CV), assisté à huit ateliers réseaux pour, entre autres, apprendre à « appréhender la réalité du monde du travail » et même assisté à deux cents vingt heures de cours de sport, découvrant pas moins de quinze disciplines différentes.

Ça y est. Tu as terminé tes études. Tu vas pouvoir exercer un métier qui te plaît, gagner de l'argent, ton indépendance et ta liberté - *go, go, go* !

ACTE IV - TA VRAIE VIE

Sans boulot ni salaire, t'es obligée de retourner vivre chez tes parents. Tu pars du principe qu'il s'agit d'une colocation **TEM-PO-RAIRE** ; c'est pas la mort. Tu vas être logée, nourrie, blanchie et ça te permettra de trouver un boulot rapidos.

Quand tu pousses la porte de ta chambre, toute rose et tapissée de posters à l'effigie des Spice Girls et autres pages intellectuelles du magazine regretté *Jeune et jolie*, ça te prend un peu par surprise. Évidemment, tu étais retournée chez tes parents depuis tes quinze ans. Tu sais à quoi ressemble ta chambre quand tu pousses la porte. Mais l'idée d'y poser tes valises et de commencer ta vie de « jeune-diplômée-presque-jeune-cadre-dynamique-pleine-d'ambition » dans un environnement saturé de rose, c'est un peu perturbant.

Tu regardes autour de toi, observes vraiment tous les petits détails qui t'entourent. Tu tombes sur des photos de toi à 5, 9, 12, 15 ans... Tu te demandes si t'as changé finalement ; tu te regardes vite fait dans le miroir.

Tes cheveux en chignon, classique

Petites joues qui « font partie de ton charme », dixit ton père

Le jean qui a trop vécu...

Tes baskets blanches, plus classiques tu meurs mais c'est la seule paire qui ne te fait pas mal aux pieds

Tu retrouves ta chambre et tous ces repères dont tu as mis si longtemps à te défaire. Et là, à 24 ans, tu te retrouves en face-à-face avec Scary Spice et tes ambitions. Sacré mélange. Et tes ambitions, justement ? Tu sais pas vraiment ce que tu veux faire dans la vie... Tu t'es toujours acharnée à réfléchir à ce que tu ne voulais pas faire :

gynéco
comptable
joueuse de tennis pro
avocate
prof de SVT
dentiste
audit
cascadeuse
journaliste
RH
réceptionniste

La liste est longue ; c'est déjà ça – mais c'est pas assez pour transformer tes rêves de liberté en réalité...

Comment ils ont fait les autres pour savoir ce qu'ils voulaient faire ?

Ta pote Caro, par exemple.

Longs cheveux châtain clair brossés de manière compulsive, quasi maladive (le comble pour un médecin)

Un gabarit généreux qui correspond si bien à son métier de médecin

Un sac à main version XXXL : pour y cacher ses cours, ses produits, son change de vêtements pour ses gardes... Une vraie Mary Poppins !

Combo robe / ballerines bleu foncé : le classique look Caro

Vous vous connaissez depuis le collège, où déjà elle savait qu'elle serait médecin. Fille d'architecte et de fonctionnaire, autant dire qu'elle n'est pas tombée dedans quand elle était petite. Pourtant, ça a toujours été une évidence pour elle, un peu comme pour son mec, *Mathieu*.

Ça va faire quatre ans qu'ils sont ensemble ; ils se sont rencontrés grâce à Anto. Depuis, ils sont inséparables. *#Coincoin.*

Mathieu, c'est encore un profil un peu différent. Diplômé en finance, spécialité fusion-acquisition. Il bosse depuis trois ans dans une boîte ultra prestigieuse et brasse un fric monstrueux. Il revendique haut et fort sa passion du pognon et son confort de vie qui en devient ridicule.

Cheveux frisés coupés très courts (« c'est beaucoup plus facile à entretenir »)

Ses petites lunettes rondes qui l'inscrivent dans la réalité de sa passion pour les euros

Jambes minces et interminables : il en est presque énervant

Après, t'as Anto. Tu le connais depuis que t'as 5 ans. Vos mères se sont rencontrées à une sortie d'école, ont vite sympathisé et beaucoup aimé l'idée de mutualiser les frais de nounou. Élevé dans un culte de la créativité, il a tout de suite opté pour l'entrepreneuriat. Depuis sa première année de fac, il y a six ans, il a lancé quatre applis. On est sur une très grosse capacité à rebondir.

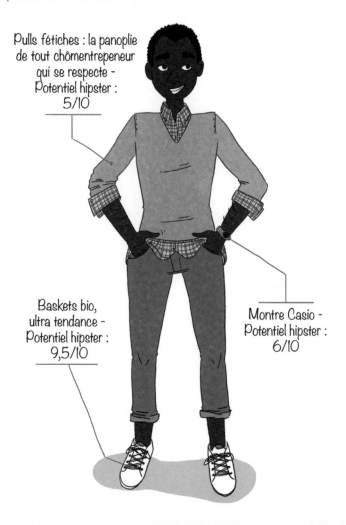

Pulls fétiches : la panoplie de tout chômentrepeneur qui se respecte –
Potentiel hipster : 5/10

Baskets bio, ultra tendance –
Potentiel hipster : 9,5/10

Montre Casio –
Potentiel hipster : 6/10

Ils te font rêver, tes potes. Ils ont tous trouvé leur voie, leur passion. Ils font un métier qu'ils adorent. Ils ont même le physique de leur boulot. Caro, elle a la générosité de son métier inscrite sur ses formes ; les lunettes et la coupe très courte de Mathieu trahissent son sérieux tandis qu'Anto affirme par son look son choix de carrière et de vie...

Mais ça veut dire quoi du coup ? Tu te regardes dans la glace pour réussir à déchiffrer ton potentiel professionnel...

CHIGNON À L'ARRACHE... Maîtresse d'école débordée ?
BASKETS BLANCHES... Ramasseuse de balles
à Roland-Garros ?
LE JEAN QUI A TROP VÉCU... Prof d'équitation dans le Larzac ?

Si c'était une évidence pour tes potes, on ne peut pas dire que ce soit réellement le cas pour toi... Ce que tu veux :

trouver le bon métier.

Celui qui sera comme une évidence. Qui te guidera vers un épanouissement professionnel, permanent et absolu. Celui par lequel tu te définiras, qui t'aidera à mieux te connaître et à devenir meilleure. Tu clameras haut et fort ton métier, tes missions et responsabilités aux dîners mondains ou aux verres avec tes potes. Tu raconteras tes journées dans les moindres détails à qui voudra l'entendre, même s'ils ne t'écouteront que d'une oreille. Seuls tes collègues comprendront réellement vos blagues d'initiés. Vous vous retrouverez tous les matins à la machine à café, comme un rituel inaliénable et nécessaire au bon fonctionnement de ta nouvelle famille. Avec ta boss, vous serez inséparables. Elle s'appuiera sur toi avec une confiance aveugle que tu lui rendras bien. Le DG te repérera dès ta première présentation. Il te fera des blagues à tout va et te confiera des missions confidentielles de la plus haute importance. Tu deviendras très rapidement un élément essentiel de ta boîte. Ton salaire grimpera de semestre en semestre, tandis que tu retrouveras ton corps d'adolescente grâce à ta nouvelle passion pour le jogging matinal. Ton épanouissement, tant professionnel que personnel, sera tel qu'il se lira sur ton visage et en séduira plus d'un.

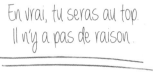

En vrai, tu seras au top.
Il n'y a pas de raison.

#JEUNEACTIVE
#TROUVERLEBONMÉTIER #TAVRAIEVIE
#TONBAC #COLOCTEMPORAIRE
#TONBAC
#DÉBUTDETAVIE
#JEUNEDIPLÔMÉE
#TAPRÉPA #PAIETONBOUTDEPAPIER
#CHEZLESPARENTS
#MERCILAMONDIALISATION
#COLOCTEMPORAIRE
#TUVASÊTREAUTOPSISI
#VIVELESSPICEGIRLS #DÉBUTDETAVIE
#TAPRÉPA
#TROUVERLEBONMÉTIER #TAVRAIEVIE

CHAPITRE 2
Ta première candidature

" Je n'ai qu'une philosophie
Être acceptée comme je suis
Avec la force et le sourire
Le poing levé vers l'avenir
Lever la tête, bomber le torse
Sans cesse redoubler d'efforts
La vie ne m'en laisse pas le choix
Je suis l'as qui bat le roi. "

« Ma philosophie »,
Amel Bent

Après plusieurs jours de recherches intensives, tu as fait une petite sélection des offres qui t'intéressent. Si l'on exclut toutes les offres où il faut parler allemand, avoir deux ans d'expérience professionnelle, être mobile (c'est-à-dire avoir une voiture), avoir des compétences en linguistique, savoir cuisiner thaïlandais et faire des claquettes, il reste trois jobs auxquels tu peux postuler. Dans toute l'Île-de-France. *OK, c'est parti !*

Se créer un compte sur le site de la boîte : ça, c'est fait. Puis : compléter la candidature en sept étapes. Sept étapes ! Tu respires...

Pas de panique ! On ne se laisse pas démonter.

PREMIÈRE PARTIE : RENSEIGNEMENTS PERSONNELS

ÉTAPE 1 :

Vos informations personnelles et coordonnées

Facile. Tu mets ton deuxième prénom ou pas ? Marie-Josée ça le fait pas trop... Tu vas te contenter d'Alice. Numéro de téléphone et adresse, tout ça, tu sais faire : c'est bon.

ÉTAPE 2 :

Votre parcours scolaire

Alors... Mince, il n'y a pas « prépa » dans la liste ! Tu fais comment ? Bon, tu vas juste mettre « école de commerce ». Roh, c'est mal fichu leur truc. *Next !*

ÉTAPE 3 :

> Votre expérience professionnelle

Facile ! Tu copies-colles tout ton CV et la description qui va avec de ton profil Linkedin et bim ! C'est rempli. Quelle efficacité !

DEUXIÈME PARTIE : **VOTRE PROFIL**
C'est-à-dire ?

ÉTAPE 4 :

> Quelles sont vos 3 principales qualités ?

Efficacité ! Ouais, non c'est naze. Heu, alors... réfléchis, tes qualités...

~~PONCTUELLE.~~ Non clairement pas. C'est tellement dur d'être à l'heure ! Le temps passe trop vite. Quand tu te prépares à sortir pour dîner avec tes potes, tu es prête bien en avance... jusqu'à ce que tout foire. Ça peut être pour plein de raisons différentes :

- tu tombes sur un compte Instagram hypnotisant beaucoup trop beau;
- tu choisis de retoucher ton maquillage, juste un tout petit peu, là, dans le coin de l'œil. Tu ripes, foires tout et n'as plus qu'à tout recommencer;
- tu décides de changer de robe parce qu'elle est un peu transparente;
- tu ne retrouves plus tes clés (le rangement, une autre grande qualité que tu n'as pas);
- tu dois écrire une carte d'anniversaire et tu n'as pas l'inspiration...

Alors, ce n'est pas toujours de ta faute, comme quand il se met à pleuvoir des cordes, que tu portes tes nouvelles chaussures en daim, que la ligne 8 du métro connaît des « incidents voyageurs » ou des « régulations du trafic ». Parfois c'est les deux et là, le sort s'acharne.

ORGANISÉE. Ça, c'est hyper vrai. Tu es la seule fille que tu connais qui fait des tableaux Excel pour organiser tes courses, sorties, week-ends ou vacances (quand tu en as). Ouais, c'est chaud mais c'est tellement pratique – *#TrueStory* ! Pour un *road trip* en Asie par exemple, tu peux mettre tous les hôtels dans un seul doc. Bon, tu as peut-être un côté un peu *control freak*, mais ton (futur) boss va adorer.

~~**HUMOUR.**~~ Non, tu n'as pas d'humour au travail. Tu es sérieuse, voire tu fais la gueule. Sauf le vendredi.

~~**TU JOUES TRÈS BIEN AU BABY-FOOT.**~~ Un talent acquis grâce aux nombreuses heures de baby passées avec Caro au lycée. Vous formez une si belle équipe.

CONSCIENCIEUSE. Tu es extrêmement consciencieuse aussi bien quand il s'agit de bien poser ton vernis que quand il faut faire une belle mise en page sur PowerPoint. Tu adores que les couleurs soient harmonieuses, les blocs bien alignés, tous les titres en gras. Hyper important, les titres en gras. Lors de ton deuxième stage, ton boss faisait les PowerPoint les plus laids du monde : du jaune moutarde et du bleu roi sur la même slide, il voit pas où est le problème. Tu avais essayé de l'éduquer, sans succès. Du coup tu as passé une bonne partie de ton stage à refaire ses présentations. On t'appelait la « Cristina Cordula du PowerPoint ». C'était la belle époque.

~~VISIONNAIRE.~~ Ouais, t'es pas Steve Jobs. Tu as un peu de mal à te projeter. Ta principale préoccupation s'arrête à « qu'est-ce qu'on mange ce soir ? » Un peu court comme vision.

FORCE DE PROPOSITION (oui, ça c'est bien ! Ça fait très pro). C'est ton problème : tu as toujours plein d'idées. Un peu trop. Plein d'idées de sorties, de restos, de projets. Beaucoup, BEAUCOUP d'idées. Ça peut saouler. Mais ça ton (futur) boss ne le sait pas encore !

Pfiou, allez, question suivante.

ÉTAPE 5 :

Quels sont vos 3 principaux défauts ?

Les fourbes ! Ah c'est petit !

~~BAVARDE.~~ Certains parlent de diarrhée verbale. Tu n'es pas d'accord. Tu es un peu loquace mais rien de terrible.

~~NE TIENT PAS L'ALCOOL.~~ C'est très embarrassant : tu es pompette au bout de deux verres. Au troisième, tu commences à t'endormir et au quatrième, il faut que tes potes te ramènent chez toi. Tes amis te moquent gentiment quand tu prends du cidre en soirée parce que c'est moins fort.

~~GOURMANDE.~~ Autant l'alcool ne te réussit par forcément, autant tout ce qui est nutritif, si ! Tu adores manger, avec une nette préférence pour tout ce qui est sucré : gâteaux, bonbons, pâtisserie...

Tu reprends tes esprits et tu galères un peu. Tu vas chercher dans Google :

Google | **3 défauts** acceptables en entreprise

3 défauts **acceptables en entreprise** — Supprimer
3 défauts **entretien**
3 défauts **à donner en entretien**
3 défauts **entretien d'embauche**

En savoir plus

SPONTANÉE.   **IMPATIENTE.**   **TÊTUE.**

Nickel !

ÉTAPE 6 :

Quelles sont vos passions ?

C'est pour Adopte un Mec ? Bizarre, cette question.

~~L'APÉRO ENTRE COPINES.~~ Mais n'est-ce pas une passion universelle ?

~~LES VACANCES.~~ Tu n'es pas difficile : tu aimes tous les types de vacances. Les vacances à la mer, à la montagne, à la campagne, les week-ends à Londres ou à Madrid. Les vacances en Airbnb ou chez des amis. Les vacances avec des copines, des copains, des amis d'amis. C'est simple : à partir du moment où tu achètes ton billet d'avion ou de train, tu commences à imaginer tout ce que vous allez faire et à quel point ça va être génial. Le seul point négatif : les vacances ont toujours une fin, et il n'y a rien de plus triste qu'un retour de vacances un dimanche soir, bloqué sur le périph. Ça te fout le cafard.

LE CINÉMA. Tu ne comprends pas les gens qui ne font que télécharger des films et ne vont jamais les voir en salle. Le cinéma, c'est vraiment irremplaçable. Déjà, tu peux y prendre du pop-corn (« gourmande », t'as dit). Tu vois toujours plein de bandes-annonces qui donnent plein d'idées de films à voir pour les prochaines fois. Dans la salle, il fait bien noir et le son est fort, t'es transportée – pas comme chez toi avec ton écran 15 pouces et tes écouteurs trop courts. Quand les lumières sont encore éteintes, tu peux te retourner et voir la tête de tous les spectateurs. Ce sont eux que tu entendras rire ou sangloter quelques minutes après, quand le film aura commencé... Ton petit péché mignon, c'est d'emmener Caro voir des films d'horreur sans la prévenir. Elle est hyper trouillarde et ça te fait vraiment marrer de la voir hurler pendant tout le film – *#OnNeChangePasUneEquipeQuiGagne*.

LE BASKET. Parce que ça rebondit, donc c'est stylé. Et on peut porter des shorts ultra larges – *#Swag*.

ROLAND-GARROS À LA TÉLÉ. OK, ça, c'est peut-être une passion inavouable. Mais c'est si cool ! C'est l'été, les siestes sur le canapé au son des échanges de balle et des «haaaannnnn» des joueuses. Tu a-dores. Et puis il y a Rafa. Rafael Nadal. Rafa qui balance des gros revers. Rafa qui transpire. Rafa qui boit de la Vittel. Rafa qui repousse ses cheveux en arrière pour réajuster son bandeau. Et hors des courts, Rafa dans une pub pour des slips. Rafa, ta passion !

#RafaLeDieu

ÉTAPE 7 :

> Décrivez une situation professionnelle dans
> laquelle vous avez dû prendre des risques.

Oh trop chiant.

Non vraiment, c'est quoi ces questions ? De toute façon, c'est
l'heure du goûter. Il te faut un petit cookie pour réfléchir. Et ce
serait pas mal de se mater une série pour accompagner ce
cookie (ça t'aide à manger moins vite). Tu allumes Netflix...

Deux heures plus tard, tu éteins Netflix.
Tu n'as toujours pas fini cette candidature et reviens à tes
moutons : une situation où tu as pris des risques.

Toutes les fois où tu as dû répondre au téléphone à des clients
qui ne savaient pas que tu étais stagiaire. Ça t'a bien appris
à prendre une voix très sérieuse et à improviser sur des sujets
que tu ne maîtrisais pas du tout.

La fois où tu as présenté un dossier à ton n+2, car ton maître
de stage était en vacances. Tu avais rarement autant transpiré.
Le mec connaissait à peine ton nom et tu connaissais à peine
le dossier. Au final, tu avais géré comme une reine.
Allez on va écrire tout ça un peu mieux, ajouter le CV en pièce
jointe et cliquer sur « Valider ».

C'est bon tu as accusé réception, ta candidature est enregistrée !

Mme Alice va pouvoir retourner regarder des séries et attendre qu'on l'appelle (oui tu parles de toi à la troisième personne, comme Alain Delon). Ensuite tu vas être convoquée aux entretiens. Avec un peu de chance, il n'y en aura pas quinze mille. Puis on te fera une offre.

Avec un peu de chance, tu auras même plusieurs offres de différentes boîtes et tu pourras faire jouer la concurrence et faire grimper ton salaire.

Avec un peu de chance...

#RECHERCHESINTENSIVES

#LESFOURBES

#RAFAAA #PIREQUELEFBI
#TRUESTORY

#CANDIDATURE

#GOOGLEESTTONAMI #

#LOLCUISINERTHAÏLANDAIS

#PREMIÈRECANDIDATURE

#PASDEPANIQUE

#RECHERCHESINTENSIVES

#PIREQUELEFBI

#ONCROISELESDOIGTS #TrueStory

#NETFLIXESTTONAMI

#GOOGLEESTTONAMI #RAFAAA

CHAPITRE 3
Tes entretiens

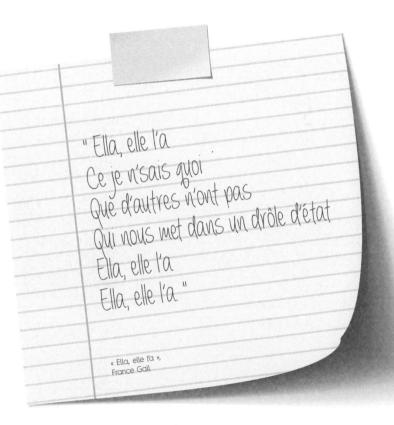

" Ella, elle l'a
Ce je n'sais quoi
Que d'autres n'ont pas
Qui nous met dans un drôle d'état
Ella, elle l'a
Ella, elle l'a. "

« Ella, elle l'a »,
France Gall

Un jour, ça arrive. Tu profites d'une absence de tes parents pour squatter le salon, quand tu reçois un e-mail. Et pas n'importe lequel. Le premier qui te propose un entretien d'embauche. Autant dire que ce n'est pas rien !

Tu hyperventiles.

Depuis que tu es diplômée, c'est la première fois que tu vas réellement interagir avec un être humain pour essayer de te rapprocher du job de tes rêves. Tu vas pouvoir expliquer à tes interlocuteurs que tu es faite pour ce poste *(attends, c'est quoi déjà ?)*, que tu es la femme de la situation, qu'ils doivent absolument t'embaucher, làtoutdesuitemaintenant.

Ça te fait tourner la tête un peu, cette pression qui vient de te tomber dessus. Pourtant, quand tu y réfléchis, ça s'est toujours plutôt bien passé pour toi, les entretiens.

Tu as souvent entendu parler de l'expérience «in-vrai-semblable» de ta mère qui a dû répondre à un véritable « entretien d'embauche » lorsqu'elle a voulu t'inscrire, du haut de tes 2 ans, à la crèche *Les Petits Amis* à côté de chez vous.

« Je te jure, si ce n'était pas en bas de la maison et quand même hyper pratique, je ne t'aurais pas inscrite ! »

Elle a rempli toute une série de questions : « Votre enfant est-il bien dans sa peau ? », « Sur une échelle de 1 à 10, quel est

le degré de sociabilité de votre enfant ? », « Comment votre enfant réagit-il en cas de conflit avec ses pairs ? »
(euh, bah... mal ?)

Elle a forcément dû mentir : tu as été prise du premier coup.

À ta rentrée en CM1, tu veux faire de la GRS (« gymnastique rythmique et sportive » – #Ouaisouais) parce que tes deux (nouvelles) *Best Friends Forever* en faisaient déjà l'année dernière (t'étais un peu jalouse) et t'avais adoré les maillots des gymnastes aux Jeux olympiques l'été dernier.
T'étais surtout jalouse.
Ta mère te dit qu'il va sûrement falloir passer un entretien pour savoir dans quel groupe de niveau tu seras. Tu fais la fière et lui réponds que tu n'as pas peur, t'es hyper souple de toute façon. Discrètement dans ta chambre, tu t'entraînes tous les soirs à faire le grand écart. Un soir, tu te fais mal et décides de tout miser sur tes talents d'improvisation.

Le jour J, tu arrives péniblement à répéter l'entraînement de la prof, mais tes copines (trop sympas) te miment les pas pour que tu te repères. Tu seras dans le bon groupe.

Une fois, à 17 ans, ta responsable de niveau de terminale demande à te voir en entretien dans son bureau. Tu stresses un peu : est-ce que tu t'es plantée au dernier DM de maths ? Est-ce qu'elle va t'annoncer que tes notes du bac français ont été mal calculées et qu'il faut que tu le repasses ?

Tu pousses la porte puis découvres une Mme Camier toute souriante, qui veut juste prendre le temps de découvrir ses élèves et leurs ambitions.

Ta prépa, tu l'as sur dossier. Pas d'entretien.

Ton premier stage, tu le trouves via un pote de pote. Il avait tout fait pour que tu l'aies. Ton entretien dure vingt minutes, montre en main. La RH qui te reçoit a l'air débordé et est ravie que ton poste soit pourvu, c'est toujours ça de pris. Elle ne compte pas vérifier que tu as toutes les compétences nécessaires. C'est dans la poche.

Pour ton deuxième stage, tu es le premier stagiaire qu'ils ont depuis la création de la boîte, il y a quatre ans – *#EconomieDeStartup*. Pendant l'entretien, ta n+1 ne t'interroge que sur les cours d'entrepreneuriat que tu avais à l'école et t'embauche quand elle voit sur ton CV que tu es née à Châtenay-Malabry, comme elle.

OK. Bonjour les critères de sélection, mais OK.

Tu te rends compte que, même si tu as déjà passé pas mal d'entretiens dans ta vie, finalement, tu n'es pas sûre d'être tout à fait prête pour celui qui t'attend. Un vrai entretien, qui peut avoir une vraie influence sur ta vie.

Tu reprends tes esprits et tu réponds à l'e-mail.

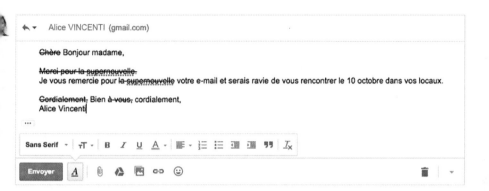

↩ ▾   Alice VINCENTI (gmail.com)

~~Chère~~ Bonjour madame,

~~Merci pour la supernouvelle.~~
Je vous remercie pour ~~la supernouvelle~~ votre e-mail et serais ravie de vous rencontrer le 10 octobre dans vos locaux.

~~Cordialement,~~ Bien ~~à vous,~~ cordialement,
Alice Vincenti

...

Sans Serif ▾ ᴛT ▾ B *I* U A ▾ ▇ ▾ ⋮≡ ⋮≡ ⯆≡ ⯅≡ ❝ Iₓ

Envoyer A 📎 ▲ 🖼 🔗 ☺   🗑 ▾

Tu cliques sur « Envoyer ».

La tension commence à redescendre ; tu sens déjà le CDI
se rapprocher.

Tu notes la date du rendez-vous dans ton téléphone.

Et tu te rends compte que ton premier entretien d'embauche,
c'est après-demain – *#TopChrono* !

Tu commences par préparer tes fiches sur l'entreprise. Tu ressors tes
notes de l'atelier « Comment préparer ses entretiens d'embauche »
auquel tu t'étais inscrite en dernière année.
Sur ton ordi, tu te fais quelques fiches, avec un code couleurs
par importance d'information – *#LaBase*.

Tu révises d'abord les fondamentaux du secteur (le marketing, ses grandes théories, les termes techniques, les stratégies élémentaires...), essaies d'approfondir tes ~~maigres~~ connaissances sur l'entreprise qui t'accueille (Ronssin Inc., ses dates clés, ses stratégies de développement, ses produits phares) avant de réfléchir à l'éventualité d'un entretien de personnalité (tes qualités, tes défauts, pourquoi toi pour ce poste, pourquoi ce poste pour toi...).

Chaque section te demande une concentration phénoménale. Tu ne veux pas te planter, alors tu vérifies chaque info sur au moins deux sites différents (Wikipédia ne compte pas, ce n'est pas assez fiable, t'avait dit le prof de l'atelier).

Et tu bachotes. Tu emportes tes fiches partout avec toi : au petit déj devant tes corn flakes, au déjeuner devant tes tomates, au goûter devant tes pains au lait (chut !), au dîner devant tes parents...

« Chop Chop »

● Au petit déjeuner

● Au déjeuner

● Au goûter

● Au dîner

La nuit, tu rêves que tu marches dans un long couloir de l'entreprise, au bout duquel tu distingues au loin un homme en costume qui t'attend. Au fur et à mesure que tu avances, le couloir se rallonge, l'homme au costume s'éloigne sans que tu puisses jamais l'atteindre.

Tu te réveilles en nage. Il est 6H12. À peine vingt-quatre heures avant le fameux entretien.

Après avoir consacré presque la totalité de ta matinée à un deuxième tour de révision de tes fiches, tu décides de te pencher sur une autre problématique : toi. Quel toi vas-tu envoyer à cet entretien ? Le toi très (trop) chic qui est tellement guindé qu'elle manque de se vautrer à chaque demi-marche ? Le toi négligé adepte du *less is more* qui prône l'éternelle association tee-shirt blanc-jean-Converse pour toute occasion ? OK, tu fais face à un vrai problème.

Tu étudies méticuleusement toutes les tenues envisageables. Il te faut une tenue qui fasse sérieuse (= tu es rigoureuse et organisée), mais pas bonne sœur (= tu n'es pas chiante), un peu mode (= tu as du goût) et confortable aussi (= tu as les pieds sur terre).

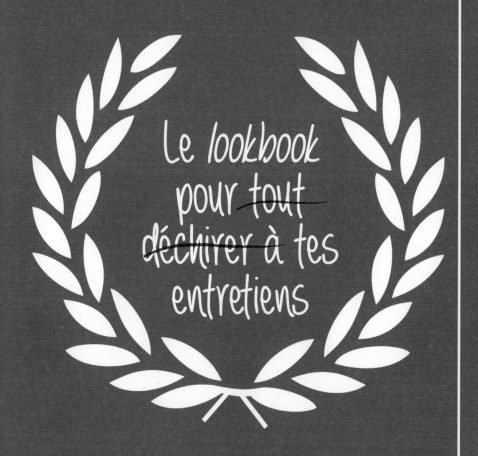

Le *lookbook*
pour ~~tout~~
~~déchirer~~ à tes
entretiens

TAILLEUR NOIR TROP GRAND

#Comptable

CHEMISIER BLANC TERNE, JUPE SANS INTÉRÊT

#BalaiDansLeDerrière

TON PULL PRÉFÉRÉ

#Glandue

AUTANT
TE METTRE
EN PYJAMA

#Bobobohème

CLASSE, ÉLÉGANTE, PAS CHIANTE

#Perfect

C'est bon. Tu as choisi un ensemble jupe noire droite juste au-dessus du genou, avec ou sans collants en fonction de la météo (sérieux/mode), petits escarpins à talons de 5 cm (mode), chemisier blanc basique (confortable), blazer noir ou rose pâle (mode/confortable/sérieux).

Le compte est bon.

Vient ensuite la problématique de **ton visage.**
Depuis que tu as fini les cours (comprendre : que tu n'es plus amenée à croiser un être humain non parenté tous les jours), tu as complètement arrêté de te maquiller.

Déjà, à la base, tu n'as jamais été vraiment très calée en *make-up*. Tu ne sais pas te mettre du fond de teint sans avoir l'impression de te coller du plâtre sur le visage – *#LaFemmeAuMasqueDeFer*. Quand tu essaies de mettre du rouge à lèvres, tu es tout droit sortie de Guernica (le tableau ou le massacre, les deux marchent) et tes tentatives d'eyeliner te rappellent Amy Winehouse, période héroïne, alcool, cachetons, yeux rouges, peau crade, maquillage en eau de boudin.

Tu as donc un peu de pain sur la planche pour réussir à parfaire le maquillage « *nude*/invisible/peau de bébé » que toutes les blogueuses recommandent pour un entretien d'embauche.

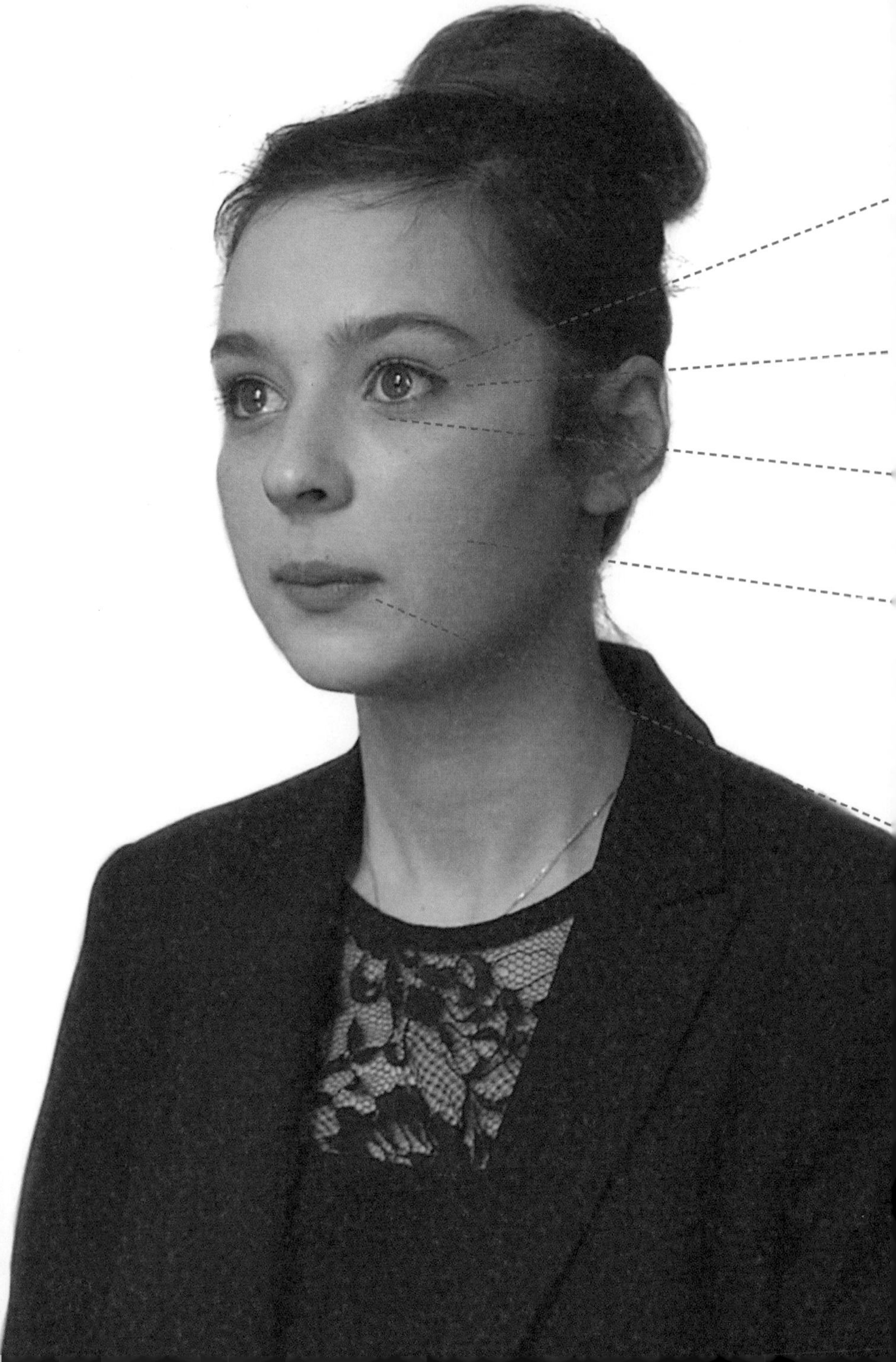

UN TRAIT DE LINER :
des heures devant des tutos pour ressortir
avec un vague trait digne de ce nom, pour
te donner un air un peu sophistiqué.

UN COUP DE MASCARA :
sans trop forcer (trop de passages et on dirait
que tu t'es endormie sur une araignée).

DE L'ANTI-CERNES :
une nécessité absolue, tu tiens ça de ta mère.

UNE BB CRÈME :
pour avoir un peu moins l'air d'un zombie, plus d'un
être humain. Comme tu n'as jamais su mettre du fond
de teint, tu ne jures que par les BB crèmes,
le fond de teint pour les nulles...

UN COUP DE STICK À LÈVRES :
quand tu stresses, tu t'enlèves les petites peaux,
ça devient un tic.

Pas besoin de blush, tu sais que tu vas
avoir chaud sur le chemin, tes joues devraient
rosir naturellement...

Parce que n'est pas Gisele Bündchen qui veut, pour avoir l'air d'un être humain assez civilisé pour décider de l'embaucher et le voir tous les jours, tu dois également travailler **tes cheveux.** Sans surprise, tu n'es pas vraiment la pro du brushing non plus, mais tu connais quelques fondamentaux :

CHEVEUX LÂCHÉS, PLATS, PAS COIFFÉS

Terne, sans aspérité ni personnalité

Trop enfantine
et irresponsable

**TRESSE SUR LE CÔTÉ,
PRATIQUE ET CONFORTABLE**

Ambitieuse, dynamique

**CHIGNON HAUT DE CRÂNE, SIMPLE
MAIS ÉLÉGANT, À LA GRACE KELLY**

#AuTop

OK, maintenant, t'es calée !

De toute façon, ça tombe bien : il est 22H48, ton entretien est dans moins de douze heures, il faut que tu ailles te coucher pour être en forme demain.

Le cauchemar du couloir revient. L'homme est remplacé par une femme en tailleur vert pomme. Toujours ce couloir qui se rallonge, toujours ton interlocuteur qui s'éloigne. Et toi qui te réveilles en nage.

Douche, petit déjeuner équilibré, enfilage de tenue, maquillage, coiffage (le tout en révisant ses fiches) : tu es prête !

Chop chop !

Lorsque tu arrives au lieu de l'entretien, tes mains sont moites, tes jambes moins solides et ton sourire plus nerveux que d'habitude. Une assistante t'accueille sans sourire ; tu t'installes sagement dans un canapé en cuir qui grince et ne t'aide pas à te sentir à l'aise.
Tu attends quelques instants, l'assistante te répète que le recruteur ne devrait pas tarder. Tu as l'impression que ça dure une demi-heure puis M. Ronssin vient te chercher. Ça y est, tu y es. C'est parti.

Pas du tout
stressée

Tu l'avais tant attendu, ce premier entretien, que tu n'arrives pas à croire qu'il soit déjà fini. Pendant les quarante-cinq minutes de discussion, tu t'es présentée, as répondu aux questions dans la mesure du possible, écouté les explications du recruteur... Tu es plutôt fière de toi.

En rentrant chez toi, tu refais le match :

Es-tu bien sûre de ne pas t'être emmêlé les pinceaux ?

Est-ce que tu n'es pas passée pour une hystérique quand tu as ri à sa phrase sur les heures sup ? Était-ce vraiment une blague ? Est-ce que tu aurais vraiment dû lui parler de ta passion pour les rhinocéros ?

Tu es soudainement prise d'un vent de panique. De toute façon, ça ne sert plus à rien de stresser : les jeux sont faits. Tu n'as plus qu'à attendre et espérer – *#ImpressionDeDéjàVu.*

Tu ne décroches pas ce job. Ils t'ont préféré un candidat avec plus d'expérience dans le domaine. Coup de bambou.

Au début, t'en fais tout un fromage de tes entretiens.

Plus t'en passes, plus tu développes ta stratégie et tu identifies progressivement les différents types d'entretiens :

LE CAS PRATIQUE : seule ou à plusieurs, tu es confrontée à une mise en situation et les recruteurs souhaitent évaluer ta capacité à réfléchir, à réagir et à interagir. Tes trois années d'école, douze mois de stage et 62 pages de mémoire n'ont souvent rien à voir avec le cas pratique qui mêle éléments du quotidien (tu dois préparer la sortie d'un nouveau produit sur le marché, comment t'y prends-tu ?) et questions complètement absurdes (« Combien de temps faut-il pour vider Paris de ses voitures ? », « Combien de pizzas les Américains mangent-ils par an au kilomètre carré ? », « Combien d'épines y a-t-il sur le dos d'un hérisson ? »...)

> Quand tu penses avoir réussi, personne ne te rappelle ; quand tu penses t'être plantée, tu es convoquée pour un tour suivant...

L'ENTRETIEN DE PERSONNALITÉ : le recruteur cherche à savoir si tu correspond aux missions du job, à tes potentiels collègues et aux responsabilités qui t'incomberaient. Il va chercher à évaluer qui tu es vraiment pour savoir si ça pourrait coller. S'il peut s'agir d'un entretien facile en théorie, c'est en vrai le plus fourbe. Ça a l'air simple comme ça, mais tu dois être incollable sur toutes les questions te concernant : tes qualités, tes défauts, ta plus grosse fierté/déception, ta couleur/ton film/ton chiffre/ta ville préférés et pourquoi... Chaque réponse doit être cohérente avec les autres et le poste pour lequel tu candidates.

> Beaucoup de taf

L'*ASSESSMENT CENTER* : un peu comme une journée de télé-réalité, le principe est simple. Tu commences la journée à 10 candidats. À la fin de la journée et des épreuves, il ne doit en rester qu'un. Dans le désordre, tu as :

- des épreuves en binôme ;
- des épreuves en équipe ;
- des épreuves individuelles.

> Chaque fois que tu t'y es essayée, tu n'as pas réussi à dépasser l'étape du déjeuner...

L'ENTRETIEN « AU CAS OÙ » : les RH ont dû accepter de te rencontrer soit parce que tu as été recommandée par un piston ou quelqu'un en interne, soit une fois qu'ils avaient déjà pourvu le poste. Ils ont oublié d'annuler le rendez-vous et prétextent vouloir te rencontrer pour ajouter ton profil à leur base de données, « afin d'être plus réactif si un poste se libère un jour... ».

> Tu réponds poliment à leurs questions, sans trop dépenser d'énergie, tu as l'impression qu'ils ne t'écoutent que d'une oreille et qu'ils t'auront oubliée dès qu'ils t'auront badgée vers la sortie.

Les entretiens se suivent et ne se ressemblent pas, à ce petit détail près qu'aucun ne débouche sur un boulot... Tu ne perds pas espoir ; tu persévères. Tu te dis que sur un malentendu,

ça peut marcher...

#ECONOMIEDESTARTUP
#OUAISOUAIS #
#CESTDANSLAPOCHE #GLANDUE
#LABASE #COMPTABLE
#PASSTRESSÉEDUTOUT
#LECDIAPPROCHE
#TUVASCARTONNER
#PASDERAISONS
#LAGALÈREVESTIMENTAIRE
#BOBOBOHÊME
#AMBITIEUSEETDYNAMIQUE
#LAFEMMEAUMASQUEDEFER
#CHIGNONDECOINCÉE

CHAPITRE 4
Les mecs et toi

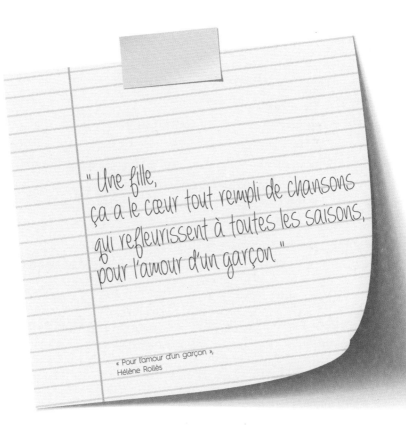

" Une fille,
ça a le cœur tout rempli de chansons
qui refleurissent à toutes les saisons,
pour l'amour d'un garçon "

« Pour l'amour d'un garçon »,
Hélène Rollès

On ne va pas se mentir : tu aimes les garçons. Et depuis longtemps.

Ça a commencé en **terminale** : tu as un gros *crush* sur Marco. Oui Marco est italien et assez poilu pour un gosse de 17 ans. Mais très beau, très mystérieux. Tu te fais un gros film sur lui : ces petits regards en cours d'histoire, c'est bien pour toi ? Il a choisi la même option en cours de musique (chorale plutôt que flûte), une autre manière d'être plus proche de toi ? Juste avant les vacances de Noël, tu prends ton courage à deux mains pour aller lui déclarer ta flamme.

Quand faut y aller, faut y aller.

Tu le suis discrètement à la sortie des cours jusque devant chez lui. Le mec te prend probablement pour une grosse tarée. Tu lui demandes de sortir avec toi. Il y a un blanc pendant deux minutes. Un moment *horriblement* gênant. Puis il dit qu'il te voit « juste » comme une amie. Tu restes incapable de prononcer un mot. Tu as envie de pleurer. Tu te rends soudain compte que tu as hyper froid malgré ta grosse doudoune. Après, tu pars en vacances en famille pour les deux semaines les plus longues de ta vie.

En **prépa**, c'est Gobi : le désert romantique absolu. Trop de boulot, trop de mecs boutonneux inintéressants dans ta classe.

Puis tu arrives en **école de commerce** et là, tu te rattrapes : tu chopes ~~plein de~~ quelques mecs. Dont beaucoup en soirée. Certains dont tu oublies le prénom, hmm...

C'est sûr, l'alcool ça désinhibe !

Jusqu'à ce que tu rencontres **LE GRAND AMOUR** : Jérôme. Tu l'as repéré dans l'équipe de basket. Tu l'as abordé lors d'un projet en groupe en cours de compta. Et tu l'as finalement embrassé lors d'une soirée – *#KifAbsolu*. Jérôme est plutôt rebelle. Du genre mauvais garçon. Ses années de basket lui ont bâti des épaules magnifiques. De loin les plus belles que tu aies jamais vues. Idéales pour piquer un somme après un câlin. Il sent la cigarette (sportif mais rebelle on vous dit...), ce qui est plutôt agréable en fait. Mais il est extrêmement jaloux : il te fait des scènes pas possibles dès que tu parles un peu trop longtemps à un autre mec (même à ton pote gay) – *#Parano*. Après quelques engueulades mémorables, vous finissez par vous séparer. Un peu à contrecœur.

Ça, c'était avant.

Maintenant tu es chômeuse (ET) célibataire. Tes potes sont tous plus ou moins maqués. Plusieurs habitent en couple. Certains sont même déjà fiancés ! Ils ne font plus une seule soirée sans leur « + 1 ». L'enfer ! Comment tu peux avoir une vraie discussion avec tes copines si leur mec est là ? Et puis c'est une horreur ce terme « + 1 ». Au boulot à la limite, d'accord, tu peux donner des numéros aux gens : ton n+1, ton n+2. Mais ton mec ?!

C'est quand même plus qu'un chiffre ! Un peu d'amour, un peu de sentiment ! Réhabilitons les « mon mec », « mon amant », « mon copain », « mon amoureux », « mon homme », « mon Jules » !

Il y a aussi tes parents, qui « vont finir par s'inquiéter si ça continue comme ça ». Eux avaient commencé à « se fréquenter » avant leurs 20 ans. C'est peut-être une autre génération, mais l'heure tourne... Et puis c'est cool parce que ta grand-mère aussi commence à te mettre la pression :

« Quand est-ce que je vais avoir des arrière-petits-enfants ? »
#ChaqueChoseEnSonTemps.

Les choses paraissaient plus simples avant : on rencontrait un garçon, on sortait ensemble, on se mariait et on restait ensemble toute la vie. Maintenant, on rencontre plusieurs garçons, tu dois choisir le meilleur, le garder et ton mariage doit être le « plus beau jour de ta vie » – *#PasDePression*. Un peu comme au boulot : plus de liberté, plus de choix, mais aussi plus d'attentes et d'angoisses.

En attendant, c'est pas les prétendants qui se bousculent au portillon et avec ton emploi du temps actuel, ça ne va pas s'arranger. La dernière fois que tu es allée au cinéma, seule, le guichetier a essayé d'engager la conversation :

« La redif de West Side Story ? C'est super !
Vous me direz ce que vous en pensez ? »

Heu... oui.

Tu es devenue cramoisie et tu t'es carapatée dans la salle. Pendant tout le film, tu as eu des remords, as imaginé 15 différentes phrases d'approche pour ne pas paraître (trop) ridicule. Tu n'as rien vu du film. À la fin de la séance, tu l'as cherché des yeux près de la sortie : il n'était plus là.

C'est typique de ta façon de réagir quand un mec t'aborde. Tu flippes à mort sur le coup, et derrière, tu t'en veux. Le soir, quand tu te retrouves toute seule dans ton lit, tu te fais plein de scénarios dans ta tête : tu te remets à espérer qu'il va se passer un truc dans ta vie et que tu vas rencontrer quelqu'un. Tu es très douée pour ça : tu rêves beaucoup, et quand il faut passer à l'action, il n'y a plus personne. Tu as déjà imaginé 246 façons de rencontrer un mec. Tu t'es joué le film avec des potes, des collègues stagiaires, des mecs croisés dans la rue. Dans ta tête, le mec était fou amoureux, fougueux, surprenant, hyper attentionné. Vous faisiez des trucs très romantiques comme se promener à Montmartre, bruncher dans des restos chics, partir en week-end à la campagne et dormir dans une cabane dans les arbres. Et évidemment,

Sex was amazing !

Dans les moments un peu cafards, tu t'imagines te remettre avec Jérôme, même si tu sais que ça ne marchera pas.

Mais ça te console, tu sais qu'~~il a encore un petit faible pour toi~~ il est toujours fou de toi.

En vrai, quand tu repères un garçon qui te plaît, en soirée chez Anto, au Jockey (ton bar QG), à un dîner chez des potes, il est soit gay, soit très maqué. Ou les deux. À croire qu'il ne reste aucun mec hétéro et célibataire à 25 ans sur cette planète !

Caro a essayé de t'arranger un rendez-vous avec un pote de son mec :

« Tu verras, il paraît qu'il est hyper sympa, tu vas l'adorer ! »

Ça faisait longtemps que tu n'étais pas sortie en *date*. Toi qui pratiques beaucoup les entretiens d'embauche en ce moment, tu ne sais pas lequel, de l'entretien amoureux ou de celui d'embauche, est le plus difficile.

• LES RÉVISIONS

Pour l'entretien d'embauche, tu as quelques infos concernant ton interlocuteur : tu connais son entreprise, son nom et, si t'as de la chance, son poste. Google étant ton ami, tu peux travailler quelques pistes – en plus des traditionnelles questions de l'entretien de personnalité, en prenant bien soin de mettre en avant les qualités en accord avec les valeurs de l'entreprise.

Côté rendez-vous galant, c'est moins simple. Si tu as de la chance, tu peux partir avec quelques infos d'avance (nom, âge, métier). En l'occurrence, tu as un surnom à valeur de prénom (c'est vrai que Jim, c'est mieux que Jean-Michel), un âge (23) et un métier (*data analyst* – *#Plaît!!* ?). C'est un pote de pote de Caro ; elle n'a pas plus d'infos – si ce n'est qu'il adore la musique.

OK, super, qui n'adore pas la musique ?

T'es pas sûre qu'il gagne des points pour l'originalité. Tu pars donc à l'aveugle, sans fiche, sans prépa, sans rien.

• LA TENUE

Pour les entretiens d'embauche, côté déguisements, tu commences à maîtriser le sujet :

- ton tailleur noir, collants noirs opaques, talons de 5 cm (pour te donner de l'allure sans te mettre mal à l'aise) si l'entreprise est très guindée ;
- ou ton jean noir qui te fait des jambes canon, un chemisier, ta veste de costume, tes ballerines ou tes talons en fonction de ton humeur.

Pour les rencards, t'es confrontée à beaucoup plus de pièges. Au-delà de l'horaire et du lieu, tu n'as pas non plus forcément beaucoup d'informations sur la soirée. Pour un entretien d'embauche, tu sais que tu seras nécessairement en intérieur, que tu ne devras pas trop courir dans tous les sens et qu'a priori tu ne devrais pas rester debout très longtemps.

Quand tu retrouves un mec, tu ne sais pas si tu vas dans un bar qui sera blindé (tu seras donc debout toute la soirée, *bye bye* les talons) ou vide (option assise : tu peux sortir tes chaussures de cagole). Tu ne sais pas si la musique sera chouette :

« *Viens, on danse* »

ou si tu seras sur un remix des plus grands tubes de Barbara :

« *On reprendrait pas une (troisième) bouteille de vin ?* »

Tu ne sais pas si le resto sera incroyable (tu pourras tout essayer sur la carte : plutôt top ample pour laisser de la place) ou si c'est option planche/bretzel (robe d'avion qui moule juste là où il faut).

Pas simple.

• COIFFURE/MAQUILLAGE

Depuis le temps que tu passes des entretiens, tu commences à maîtriser le maquillage et la coiffure qu'il te faut :

- coiffure : chignon travaillé (classique mais efficace) qui te vieillit un peu et te donne un côté sérieux pour compléter ton visage plutôt enfantin ;
- maquillage : un trait d'eye-liner très discret qui te définit un

peu mieux le visage (BEAUCOUP de tutos avant d'y arriver) et souligne le vert de tes yeux. Un brin de gloss transparent et roulez jeunesse.

Pour les *dates*, il y a plus de paramètres à prendre en compte : le sujet, le lieu, le temps du rendez-vous (rouge à lèvres qu'il faut retoucher vs mascara increvable)... Idem pour la coiffure : est-ce qu'il t'emmène dans un bar sous une chaleur à crever (cheveux attachés) ou faire un pique-nique improvisé sur le bord de la Seine (cheveux lâchés) ?

Tandis qu'aux entretiens d'embauche tu veux impressionner et correspondre au job en question, pour les entretiens amoureux, tu cherches à

séduire, séduire, séduire.

Résultat : une heure à se faire chier en tête à tête avec ce mec. Il n'avait aucune conversation, mais tu ne pouvais décemment pas le planter au milieu du restaurant. Derrière, il a eu le culot de t'envoyer un message en forme de râteau :

« C'était très sympa ce dîner mais je pense qu'on ne se reverra pas. Mon ex est de retour à Paris. »

Forcément, tu t'es mise à Tinder.

L'avantage c'est que c'est hyper ludique : un catalogue infini de mecs à « swiper » à gauche ou à droite.

L'inconvénient, c'est que c'est un repère de losers :

- les mecs qui se prennent en selfie à demi-nus dans leur salle de bains (tu n'es pas Kim Kardashian) ;

- les mecs qui posent devant le Grand Canyon – *#SoCliché* ;

- les mecs qui s'affichent en photo à côté d'une autre meuf qu'ils ont pris soin de flouter ou de couper – *#GrosPassif* ;

- les mecs qui veulent faire croire qu'ils sont riches à coups de titres ronflants (*Director Investment Corporate Banking*, à 27 ans, ouais ouais) et de photos sur des yachts.

Et une fois que tu as un *match*, les conversations sont souvent d'une platitude...

Salut, ça va ?

Oui et toi ?

Super. Tu fais quoi
de ton temps libre ?

Heu rien de spécial, je vois
mes potes, je vais au ciné,
je bouquine. Et je prépare
mes prochaines vacances
:)

Tu vas partir où ?
Tu bosses sinon ?

Je voudrais aller au Japon.
Et non, je bosse pas,
je suis en recherche d'emploi.
Et toi ?

Je travaille en finance,
je suis analyste pricing.
C'est bien Tinder ?

Et parfois, t'as l'option plus directe :

Quand tu as annoncé à tes potes que tu étais sur Tinder, tu as eu droit à des réactions assez partagées : Anto était « sur-chaud ». Caro t'a complètement snobée.

Étant assez curieux de base, Anto a immédiatement voulu tout savoir :

« Ils sont comment, les mecs ?
Tu as eu combien de matchs ? Tu vas coucher avec eux ?
Tu as mis quoi comme photo ? Je peux voir ? »

Tu as été obligée de lui laisser l'appli pour qu'il joue avec. Il a eu trois matchs en quinze minutes, il était hyper fier. Après tu lui as repris ton iPhone pour éviter qu'il commence à tchatter avec tout le monde. Tu n'as pas envie de te retrouver avec plein de *matchs* pourris à gérer !

Caro t'a directement balancé un :

« *Tu fais pitié, un peu.* »

Vlan, comme ça, sans prévenir. Ça t'a fait un choc. On est en 2016, on peut être une femme libérée, non ? Tu ne pensais pas que Caro serait aussi conservatrice et jouerait les mères supérieures. D'après elle, Tinder c'est pour les losers ou les personnes qui ne pensent qu'à baiser. Ce n'est pas tout à fait comme ça que tu le voyais... Elle croit encore que pour trouver l'amour, c'est IRL[1], dans un bar, chez des potes, à l'école, etc. Sauf que pour toi, ça ne marche plus. Tu ne vas pas te lancer dans un débat avec elle : manifestement, elle a une idée bien arrêtée des applis de rencontre. Tu vas continuer à « swiper » tranquillou dans ton coin.

Ça ne va pas être facile de trouver le mec de tes rêves... Un peu comme trouver ton *dream job* : tu vas bosser dur, enchaîner les rendez-vous plus ou moins concluants et continuer d'espérer.

[1] *In Real Life.*
(Dans la vraie vie)

#CHAQUECHOSEENSONTEMPS
#PARANO #TINDER
#JOBBEFOREBROS #KIFABSOLU
#JEMEFAISDESFILMS #TUBAISES ?
#VIVELESBADBOYS
#KIFABSOLU #JOBBEFOREBROS
#PASDEPRESSION
#JESWIPEDONCJESUIS
#TUBAISES ? #NONAUXN+
#TINDERPOURLESNULLES
#VIVELESBADBOYS
#PHOTOSCLICHÉESPOURCHOPE
#JEMEFAISDESFILMS
#TINDER #TUBAISES ?
#PARANO
#TINDERPOURLESNULLES

CHAPITRE 5
Ta routine et toi

" Je n'ai jamais suivi vos routes
J'ai voulu tracer mon chemin
Pour aller plus haut,
Aller plus haut
Où l'on oublie ses souvenirs
Aller plus haut,
Aller plus haut
Se rapprocher de l'avenir... "

« Aller plus haut »,
Tina Arena

Une semaine après ton diplôme, ta grand-mère t'a offert un bouquin très finaud : *La Bible du jeune diplômé. Trucs et astuces pour réussir son passage à l'âge adulte.*

En passant outre un titre qui t'a immédiatement irritée, tu l'as feuilleté devant elle pour lui montrer que son cadeau te faisait :

« ultra plaisir, si, si, j'te jure, c'est vraiment super. »

En parcourant vite fait l'évangile autoproclamé, tu t'es marrée en découvrant quelques titres des chapitres :

- **L'ORGANISATION :** LA FORCE CRUCIALE DES ADULTES D'AUJOURD'HUI

- **LA NÉCESSITÉ ABSOLUE** D'UNE VISION PROFESSIONNELLE

- **LA MOTIVATION,** UNE QUALITÉ QUI CHANGE LA VIE...

#EnTouteDétente.

Tu as souri à Mamie, lui as dit que t'étais vraiment contente, qu'elle t'avait vraiment rendu un immense service en t'offrant ce livre et que d'ici quelques semaines max, tu l'inviterais au resto avec ta première paie.

Depuis ta cérémonie de diplôme, tu es tellement motivée que tu n'as même pas besoin de ces injonctions un brin prétentieuses. C'est simple :

tu es la reine de la rigueur

1RE PHASE : L'AYATOLLAH DE LA RIGUEUR

Au début, tout le monde est avec toi. Ta famille t'interroge sur tes envies, tes pistes. Tes parents se sentent mobilisés par cette quête du job parfait. Ta mère t'envoie toutes les offres qu'elle trouve (« Tant qu'il y a un salaire et du boulot... »), ton père t'écoute (d'une oreille) quand tu lui racontes tes candidatures au dîner. Même ton frère, qu'il est pourtant impossible d'intéresser à quoi que ce soit d'autre qu'au Paris Saint-Germain, t'a posé une question sur ton futur ~~boulot~~ salaire :

« Sur l'échelle de 0 à Zlatan, tu seras payée combien ? »

Tes potes te parlent de leurs connaissances qui bossent dans tel ou tel secteur (*#RéseauRéseauRéseau*). Tout le monde est très positif et regorge de solutions et de contacts à te proposer.

Tes journées ressemblent à ça :

7 H 30 : premier réveil ;

8 H 30 : sortie du lit ;

8 H 30 - 9 H 30 : petit déj classique : pain au lait, jus d'o, yaourt à la framboise (surtout pas à la fraise, t'aimes pas les gros grumeaux) et l'essentiel litron de thé vert ;

10 H 00 : tu es propre, exfoliée, crémée. Tu te poses devant ton meilleur ami l'ordi pour commencer ton tour des offres du jour ;

10 H 15 : tu as déjà identifié trois offres qui pourraient te plaire. Chacune demande un CV et une lettre de motivation. Pas de problème ! *Chop chop* ! Tu planches dessus comme si ta vie en dépendait.

12 H 15 : tu as complété une candidature, rempli un formulaire et élaboré deux brouillons de lettres de motivation qu'il te reste à peaufiner. Telle une horloge allemande, tu commences à avoir faim. Pause déj ;

12 H 30 : tes *penne pesto rosso* saupoudrées de parmesan râpé à la main toutes prêtes (*#WhatElse*), tu t'installes confortablement dans le salon devant le dernier épisode de *Girls*, ta série préférée ;

12 H 34 : le générique de début n'est pas encore passé que tu as déjà ingurgité les 120 g de pâtes, une tranche de comté et deux compotes pomme-poire. Comment tu fais pour manger aussi vite ? Comme ça creuse, la recherche d'emploi, tu fais gaffe à bien préserver ton système digestif en enchaînant sur un deuxième épisode... Tu ne voudrais surtout pas t'infliger des maux de ventre cet après-midi ;

14 H 15 : tu te remets aux festivités, plus rassasiée que jamais. Tu luttes un peu pour ne pas sombrer dans une sieste postdigestion, surtout depuis que le rayon de soleil éclaire pile ton visage (en fermant les yeux, tu te croirais à Ibiza), mais tu tiens bon. Sans boulot, tu ne pourras jamais y aller à Ibiza, justement ;

16 H 00 : tu as complété une seconde candidature et commencé à réfléchir à deux autres lettres de motivation. Comme tu ne veux pas trop t'emmêler les pinceaux entre les différents postes, tu préfères temporiser et terminer demain ;

16 H -

16 H 45 : tu erres sur Linkedin (ah tiens, il est chez L'Oréal, lui ? C'est marrant, il n'arrêtait pas de répéter qu'il voulait monter une boîte... *#Vendu*) et envoies du réseautage 2.0 à gogo ;

17 H 00 : tu as bien bossé, mine de rien.

Ton emploi du temps trône au-dessus de ton bureau. Ton organisation rigoureuse et admirable en impressionne plus d'un. Personne autour de toi ne semble s'inquiéter de ton sort. Tout le monde est formel, ce n'est qu'une question de temps.

LUNDI	MARDI	MERCREDI

Étude de la
to do list
élaborée
vendredi dernier.

Offre du jour

Déj avec
Mamie

2 épisodes
de *Girls*

Ta soirée télé-réalité
qui représente plusieurs intérêts
tu es divertie, tu te sens plus
intelligente grâce aux pépites des
candidates qui cherchent l'amour
et tu te couches tôt

JEUDI	VENDREDI	SAMEDI	DIMANCHE

Cours de Pilates avec Maman (mais ça fait trois fois que t'annules).

Réseautage 2.0

Tu t'arrêtes plus tôt, tu satures un peu. Tu prends le temps de bien faire ta to do pour lundi prochain

WEEK-END

Une semaine sur deux parce que t'as un budget ultra limité). apéro avec les potes pour te tenir au courant de l'actualité de tout le monde.

2^E PHASE : **TON PREMIER RELÂCHEMENT**

Après deux semaines d'une gestion impeccable, ton réveil devient progressivement moins efficace. Ton petit déj, autrefois digne des plus belles pubs Ricoré, s'apparente plutôt à un nouvel épisode de *Cauchemar en cuisine*.

Peut-être qu'au lieu de te lancer directement sur les recherches d'emploi, tu erres un peu sur Internet et Facebook. C'est important aussi de se tenir au courant de l'actualité de ton entourage.

Tu tombes parfois sur des annonces que tu as déjà vues et auxquelles tu as déjà postulé. Tu tournes un peu en rond, perds un peu de ta superbe (motivation) et peines un peu à garder le rythme.

Quand tu écris une lettre de motivation, tu reprends une vieille version que tu avais envoyée pour une autre offre et tu l'adaptes...

Alice VINCENTI
4 allée du bord de l'eau
94270 Kremlin Bicêtre

L'IDEAL ~~BBPE~~
25 avenue de la république
75011 Paris
12 rue du petit Commandant
92300 Levallois Perret

du responsable du recrutement
À l'attention de ~~Madame Solange GRIVET~~

Paris, le 27 octobre 2015,
15 novembre

Objet : « ~~Assistant Presse et Marketing / Print~~ » *Chef de Produit Marketing*

Madame, Monsie
~~Chère Ma~~

Je me per
« chef de

Suite à de
de comme
Mon mém
» — m'a pe
que j'ai pu
prise.

Bilingue, c
profession
permanent

J'espère qu
tiens à votr

Dans l'atte
salutations

Alice VINCENTI
4 allée du bord de l'eau
94270 Kremlin Bicêtre

BBPE
25 avenue de la république
75011 Paris

À l'attention du responsable du recrutement

Paris, le 15 novembre 2015,

Objet : « Chef de Produit Marketing »

Madame, Monsieur

Je me permets de vous adresser ma candidature pour le poste de « chef de produit marketing » au sein de votre entreprise, BBPE.

Suite à deux années de prépa au Lycée Carnot, j'intègre en 2011 l'école de commerce SCF dont je suis jeune diplômée, spécialisée en Marketing. Mon mémoire —« L'évolution du marketing par le prisme des séries télé » — m'a permis d'aiguiser ma curiosité et mes connaissances du secteur, que j'ai pu également développer lors de mes différents stages en entreprise.

Bilingue, curieuse et motivée, je souhaiterais poursuivre ma carrière professionnelle au sein d'un établissement dynamique à l'évolution permanente tel que le vôtre.

J'espère que ma lettre aura su vous convaincre de ma motivation et me tiens à votre disposition si vous souhaitez me rencontrer.

Dans l'attente de votre réponse, je vous prie d'agréer, Madame, Monsieur mes salutations les plus distinguées.

Alice Vincenti

Malgré un emploi du temps que tu avais pourtant plastifié et patafixé sur le haut de ton ordi, ce n'est pas toujours simple de rester motivée.

Et comme à chaque fois que tu galères un peu, tu peux compter sur l'impérissable soutien de ton coach de vie numéro un : *ta mère.*

Quand elle voit que ta rigueur bat de l'aile, elle prend les choses en main. Avant de partir bosser à 7 h 15 (les joies de vivre de l'autre côté du périph), elle vient te réveiller :

« Alice, ma chérie, il est presque 8 h, faut te réveiller maintenant : t'as une longue journée devant toi. »

Quand, dans un semi-coma, tu descends doucement dans la cuisine, tu vois qu'elle t'a fait bouillir de l'eau et préparé un bol de muesli (« D'après la nutritionniste du *Elle*, le muesli c'est hyper bon pour les neurones »). Tu souris et te dis qu'elle est quand même chanmé, ta mère. Comme hypnotisée, tu te prends de passion pour le *Télé 7 Jours* qui traîne sur la table.

À 10 H 30, toujours absorbée dans les confidences des nouvelles candidates du *Bachelor*, tu reçois un texto :

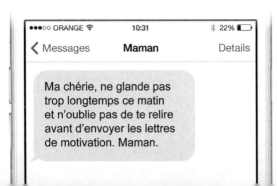

Super.
Génial.

Ton entourage, lui, garde le cap.

Ta mère continue donc de te « forwarder » toutes les annonces qu'elle trouve, prend en charge ton alimentation et ton linge.

Tes potes explorent leur carnet d'adresses en profondeur et essaient de te rassurer avec des encouragements, bateau certes, néanmoins rassurants : « C'est normal que ça prenne du temps », « T'inquiète, avec un CV comme le tien, ils vont se battre pour t'embaucher », « Pas de panique, tout le monde met du temps pour trouver son premier boulot – ça fait partie du jeu ».

Quand tu t'attelles à ton ordi, dont le bureau est saturé de dossiers et versions de ton CV et lettres de motivation en tout genre, tu ne sais pas trop par où commencer.

Machinalement, tu ouvres tes sites de recherche d'emploi enregistrés comme favoris, mais tu tombes sur d'anciennes annonces. C'est aussi ça, ton problème : à force d'être *trop* proactive, tu ne t'es pas laissé de marge pour temporiser et toujours avoir quelque chose à faire, une offre sous la main. Maintenant tu sais :

C'est dans cette dynamique que tu sors ta boîte à vernis. Tu hésites entre le rose *peach daiquiri* et le rouge *fifth avenue* quand la douce mélopée d'un nouvel e-mail vient te sortir de ta concentration. Dans ta tête, tu passes en revue toutes les candidatures que tu as envoyées dans les dernières semaines et fais tes pronostics : le boulot top au salaire *middle* ? Le VIE au Brésil, le boulot rébarbatif de l'espace au salaire mirobolant ? Le boulot sympa payé au lance-pierres ? C'est ça, c'est sûr.

Offres intéressantes   Boîte de réception ×

↩ ▾   Anne.VINCENTI   (gmail.com)

Ma chérie,
Tu trouveras ci-dessous quelques offres intéressantes… Il y en a même une dans ma boîte ! Ce serait amusant, tu ne trouves pas ?
Je t'aime,
Maman

···

Alors non, tu ne trouves pas, non. Tu salues l'initiative et la dévotion de Madame Ta Mère, mais t'es pas sûre de pouvoir franchir cette étape. Tu lui réponds un classique :

RE : Offres intéressantes 📋   Boîte de réception ×

↩ ▾   Alice.VINCENTI (gmail.com)

Merci Maman, c'est adorable.

Je regarde ça dans la journée.
T'm, A.

•••

Tu cliques machinalement sur tous les liens qu'elle t'a envoyés. Évidemment, tu classes immédiatement l'annonce dans la même entreprise que ta mère dans le dossier « ~~JAMAIS DE LA VIE~~ » « NON » de tes favoris mais considères les autres options. Rien de transcendant, mais elles ont le mérite d'exister.

Tu planches pendant quelques heures sur ces candidatures, puis vient midi et qui dit midi dit pause déj. Tu as lu quelque part que c'est hyper important de déjeuner à horaires réguliers pour ne pas perturber ton organisme. Un peu comme les bébés.

Tu ouvres le frigo et tombes nez à nez avec une petite salade courgettes-quinoa estampillée d'un Post-it « jeudi ♡ ». Toujours ce satané article du *Elle*. Au fond du deuxième étage du frigo familial, entre deux pots de cornichons à moitié vides, tu distingues un pot de tzatziki, la lumière au bout de ton tunnel. T'ouvres le placard : pain sans gluten. Super.
Tu revois ta mère, au rayon bio du Franprix en bas de chez vous :

« Si c'est bon pour Djoko, c'est bon pour toi. »

Sur le principe, t'étais pas foncièrement contre. Mais là tout de suite, avec tes tartines de seigle et ton muesli, t'es un peu moins fan. Tu gobes tout devant un, puis deux épisodes de *Girls* (toujours ce souci de la régularité des horaires de digestion) et t'y retournes.

Concrètement, tu as une petite baisse de moral mais ça va, tu tiens le coup.

3ᴱ PHASE :
LA VRAIE RÉALITÉ DE LA RECHERCHE D'EMPLOI

Au bout d'un mois, tu es officiellement entrée dans la réalité de la recherche d'emploi. C'est la troisième phase, la vraie. Et c'est là que ça se complique.

Tu n'arrives pas à te réveiller avant 9H30 (voire 10H30 quand il fait mauvais). Tu ne manges plus du tout équilibré. Tu passes au moins une heure ~~et demie~~ sur Facebook avant de te mettre à bosser. Tu ne fais plus l'effort de bien réfléchir aux lettres de motivation que tu envoies – c'est normal, tu en écris de moins en moins. Tu ne regardes plus deux, mais facile quatre épisodes de ta série pendant ta « pause déj ».

Dans la vraie réalité de la recherche d'emploi, après les deux premières phases qui sont plutôt des phases d'adaptation éphémères, tu entres dans une routine beaucoup plus laxiste et éminemment moins efficace :

La vraie journée d'une

JEUNE DIPLÔMÉE

9H30 - 10H

Réveil.

10H - 10H15

Prospection des offres.

10H15 - 10H45

Prospection Facebook/Linkedin/Twitter
(ah tiens, elle s'est coupé les cheveux, elle... Je préférais avant).

10H45 - 11H15

Intendance perso (coup de fil à Mamie, qui veut savoir
comment tu vas, ventes privées en tout genre pour ne pas
louper l'affaire du siècle – ce serait trop bête, réponse à ton
banquier qui te demande pourquoi tu as plus de sorties
que d'entrées...).

11H15 - 12H

Réponse aux nouvelles offres que tu as trouvées
(sur l'intranet de ton école, les sites de recherche
ou envoyées par ta mère...).

12H - 12H15

Tu as faim, mais tu as peur qu'il soit un peu tôt pour aller déjeuner. Tu décides d'attendre un petit quart d'heure, c'est plus raisonnable. Mais d'ailleurs, qu'est-ce que tu vas te faire de bon à midi ?

12H15 - 12H30

Tu réfléchis à ton plat du jour...
Pâtes carbo ? Ça fait déjà trois fois cette semaine.
Tomates mozza ? Tu n'es pas sûre que tu aies de bonnes tomates dans le frigo, et sans les bonnes tomates ça n'a pas grand intérêt.

12H30 - 14H30

Pause déj/rattrapage de séries.

14H30

Tu devrais arrêter les séries et te remettre au boulot, mais tu es en plein épisode et c'est pas cool de l'arrêter en cours de route. D'autant qu'Hannah est sur le point de revoir Adam, le suspense est trop fort.

15H - 16H

Tu continues la lettre de motivation que tu as commencée le matin. Tu n'es pas sûre de tes formules ; tu recommences.

16H

Ta mère t'envoie une nouvelle offre d'emploi. Tu ne la trouves
pas dingue, mais tu n'as rien trouvé d'autre aujourd'hui,
à part celle à laquelle tu viens de postuler. Tu t'y mets.

16H15 - 16H30

Caro t'appelle/t'envoie un texto/Whatsapp/message Facebook.
Elle ne bosse pas aujourd'hui et te raconte les potins de
la soirée de la veille, celle où tu n'as pas voulu aller parce
qu'elle était trop loin et que t'avais un peu la flemme.

16H30 - 16H45

Tu as un peu faim ; tu fais un tour dans la cuisine.

16H45 - 17H30

Tu termines la candidature. Ils te posent des questions
ultra précises sur ton expérience en marketing.
Tu brodes, mais c'est pas évident.

17H30 - 18H

Tu as l'impression d'avoir atteint le max de ta capacité
de concentration aujourd'hui.
Tu fais ta *to do* pour le lendemain.

18H

« Fin de journée ».

Certains matins, tu ne sais pas trop pourquoi, tu te réveilles en trombe et tu te prends pour Bruce tout-puissant – *#IGotThePower*. Tu es invincible et prête à conquérir le monde du travail...

Mais ces élans de positivisme ne durent pas, à cause de mails de refus plus ou moins détaillés qui viennent tuer dans l'œuf ton enthousiasme. Tu commences à t'habituer aux formules toutes faites pour exprimer que même si tu ne corresponds pas au profil recherché, cela ne remet néanmoins pas en question la richesse de ta candidature.

Tu remets tout en question : ton parcours, ton éducation, ta personnalité, ta tenue, ta posture, ta voix, ton maquillage, ta couleur de cheveux, ta taille, ton poids, ta date de naissance, ta couleur préférée... C'est pas beau à voir.

Tu appelles ~~ton coach~~ ta mère.

Ton discours est très clair : tu n'y arriveras jamais. Ils sont tous meilleurs que toi. Tu ne trouveras jamais rien. Ta vie est finie. Tu veux un chat et vivre en sous-sol.

Tu pleures ; elle te prend dans ses bras et te dit que ça va aller. Tu ne l'écoutes pas. Elle ne peut pas comprendre de toute façon ; c'est pas la même génération. À son époque, il pleuvait des CDI pour les jeunes diplômés comme toi. Mais ça, tu ne lui dis pas.

Parfois, tu arrives à prendre un peu de recul.

Tu te dis que tout ça n'est pas uniquement de ta faute ; que si tu n'as pas été prise, c'est que ce boulot n'était pas fait pour toi. Tu te mets à croire au destin. Tu établis une liste des 10 commandements de la jeune diplômée pour te guider dans tes futures crises, quand tu n'arriveras pas à voir le fameux verre à moitié plein.

Les 10 commandements de la jeune diplômée :

1. Organisée, tu seras.
2. Persévérante, tu resteras.
3. Ton projet professionnel, tu travailleras.
4. Ta motivation, tu cultiveras.
5. Abattre, tu ne te laisseras pas.
6. Networker, tu essaieras.
7. Ton CV, tu étofferas.
8. Tes entretiens, tu prépareras.
9. Ton sommeil, tu préserveras.
10. Tes potes qui bossent, tu éviteras.

#NETFLIXJETAIME

#INSTAGRAMMATUER #Motivatio

#VERREAMOITIÉPLEIN

#IGotThePowe

#ENTOUTEDÉTENTE

#CHEZTESPARENTS

#NetflixJeTaime

#Motivation #CHEZTESPARENTS

#RÉSEAURÉSEAURÉSEAU

#DJOKOTONMODÈLE

#InstagramMaTuer #MOTIVATION

#RÉSEAURÉSEAURÉSEAU

#MOTIVATION #ENTOUTEDÉTENTE

CHAPITRE 6
La coloc chez tes parents

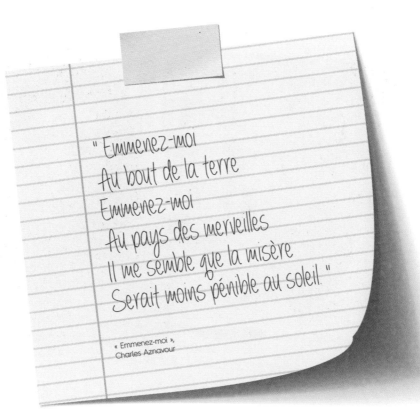

" Emmenez-moi
Au bout de la terre
Emmenez-moi
Au pays des merveilles
Il me semble que la misère
Serait moins pénible au soleil. "

« Emmenez-moi »,
Charles Aznavour

Le plus difficile dans tout ça, devant le fait d'être au chômage, devant le fait d'être célibataire, devant le fait de ne pas savoir ce que tu veux faire de ta vie, c'est de retourner vivre chez tes parents.

Une coloc dans l'absolu, ça peut être sympa, mais une coloc avec tes parents, c'est autre chose.

Ta meilleure coloc, c'est en dernière année d'école de commerce avec Anto. Vous savez que ça va bientôt être la fin d'une époque (le début de la vie active et des responsabilités), donc vous décidez d'en profiter au maximum en alternant soirées tranquilles (séries/sushis) et grosses fêtes le week-end où vous invitez 50 personnes. Tu as plein de super souvenirs dans cette coloc.

C'est un appartement bizarrement foutu, avec des chambres minuscules mais un grand salon et un bar.
Vous récupérez un vieux canapé idéal pour s'avachir dedans à plusieurs, également optimal pour les soirées TV (tu chopes la vieille TV de ton cousin quand il part en Australie – tu ne lui rendras jamais...).

À chaque soirée, les gens ramènent des bouteilles ; vous vous retrouvez avec un stock d'alcool impressionnant, que vous entreposez méthodiquement sous le bar (clé de voûte de l'appart, ce bar).

Bureau meuble fourre-tout,
Ta mère avait insisté pour que vous preniez le vieux bureau du grenier
(« C'est hyper important dans l'équilibre d'un appartement »).
C'est devenu le meuble « fourre-tout » : clés, factures, courrier resté fermé
lunettes de soleil, carte 12-25...

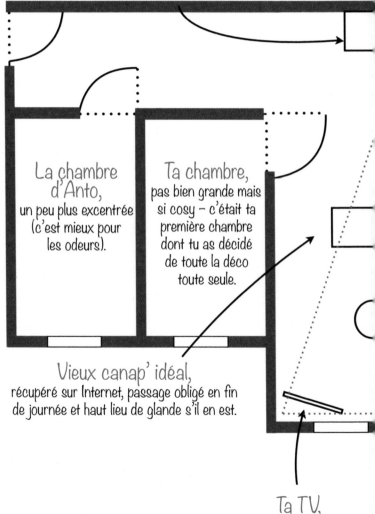

La chambre d'Anto,
un peu plus excentrée (c'est mieux pour les odeurs).

Ta chambre,
pas bien grande mais si cosy – c'était ta première chambre dont tu as décidé de toute la déco toute seule.

Vieux canap' idéal,
récupéré sur Internet, passage obligé en fin de journée et haut lieu de glande s'il en est.

Ta TV,
récupérée de ton cousin parti un an en Australie.

E TRIANGLE D'OR : TV/BAR/SALON

Le salon

La cuisine

La salle de bains que tu as complètement monopolisée avec tes « produits de fille » (dixit Anto).

Le bar qui t'a tout de suite plu (ça faisait très « appartement d'adulte ») et qui servait accessoirement à stocker les quelques bouteilles de vos soirées.

Le plan de travail que tu n'as pas beaucoup foulé, si ce n'est pour vos légendaires soirées « Mojito ».

À chaque soirée, vous avez toujours un ou deux potes qui loupent le dernier métro et restent dormir chez vous, ce qui donne lieu à des conversations mémorables. C'est un de ces soirs que tu apprends que Thomas est fou de ta pote Clarisse ; tu intrigues pour qu'il passe à l'action (tu sais qu'elle l'aime bien). Caro te confie la raison du divorce de ses parents, une sale histoire de tromperie qui la met en rage.

C'est sur le bar que vous faites tous vos essais de cocktails, des plus réussis (la clé du mojito, c'est le dosage du rhum) aux plus foireux (le cocktail dans une pastèque, c'est pas toujours une bonne idée). Vos voisins sont hyper cool. Ils ne descendent qu'une fois, le jour de votre *despedida* (une idée d'Anto) : vous organisez une énorme fête pour célébrer vos derniers jours dans l'appart avant la fin du bail. Vous faites une chenille jusque dans la cage d'escalier – *#TouteSortieEstDéfinitive*. C'est peut-être un peu exagéré. Qu'est-ce qu'on peut être con quand on est bourré !
Cette coloc t'a vraiment rapprochée d'Anto, vous partagez plein de moments chanmé. Il t'apprend à faire du caramel au beurre salé (son côté breton). Tu lui expliques que non, le port du marcel n'est jamais toléré, même si Valbuena le fait.

C'est le bon temps.

Ta coloc la plus inattendue, c'est avec un étudiant norvégien et une étudiante malaisienne pendant ton accord d'échange en Inde. Tu les rencontres le premier jour à l'université ; le bureau des étudiants Erasmus vous attribue le même appart.

Il a décrété que vous avez les mêmes goûts. Ils ont l'air plutôt sympa. Fredrik est plus âgé que toi, il prépare sa thèse et passe son temps libre à skyper sa copine restée en Norvège. Il parle très très bien anglais, ce qui est excessivement énervant. Il se nourrit exclusivement de pâtes parce qu'il fait beaucoup de sport. Michelle, la Malaisienne, est là pour bosser. Elle a la pression parce que ça coûte une fortune à ses parents de l'envoyer en Inde. Elle invite souvent des compatriotes rencontrés au Malaisian Debate Club, avec qui elle cuisine des spécialités malaisiennes aux odeurs bizarres et qui embaument votre appart pendant des jours.

Votre appartement est plutôt glauque : aucune déco à part une photo de la tour Eiffel. Tu te croirais dans un appartement témoin. Tes colocs passent leur temps dans leur chambre, à réviser ou sur Skype. Tu passes la plupart de ton temps dehors. Tu t'es fait un groupe de potes allemands nettement plus ~~portés sur la fête~~ ouverts et avec qui tu partais souvent en week-end. Ça aussi, c'était le bon temps, celui où tu pouvais alterner les cours et les vacances.

Flash-forward deux ans plus tard et te revoilà chez tes parents. Ça fait un bail que tu n'y avais pas remis les pieds. Tu y venais juste le dimanche pour déjeuner. Ça te fait un choc. Il faut te réhabituer à eux et réciproquement.

PROBLÈME N° 1 : LE RYTHME

OK, ça ne va pas leur faire plaisir, mais tes parents ont un peu un rythme de vieux. C'est fatal : ils ont la cinquantaine (en vrai, ils sont plus près de la soixantaine mais *who's counting ?*) et une vie plutôt plan-plan.

Le matin, ils se lèvent tôt, surtout le week-end. Pourquoi ne dorment-ils jamais plus de six heures par nuit ? Ils ont l'air fatigué pourtant. À croire que leur organisme s'est éternellement déréglé avec ta naissance et celle de ton frère... Évidemment ils ne comprennent pas que tu puisses dormir autant et prennent un malin plaisir à lancer des missions de ménage en mode tourbillon le dimanche vers 8 h – *#MondeCruel* !

Et le soir c'est pas mieux : extinction des feux à 22 h. Si tu veux rester regarder *Top Chef*, tu dois mettre le son au minimum. C'est qu'ils ont l'ouïe fine. Et surtout, ils ne supportent plus la moindre contrariété. Le voisin qui met la musique un peu fort ? Ton père se met aussitôt à tambouriner contre le mur.

Tu la joues profil bas et quand Caro t'appelle à 23 h pour débriefer sa dernière dispute avec son mec, tu chuchotes au téléphone.

PROBLÈME N° 2 : LE MODE DE VIE

Tes parents ont un mode de vie... de parents. Donc d'adultes. Donc de personnes qui ne font pas forcément que dans la fantaisie et la facilité.

Tous les week-ends, il faut faire le ménage, même si pour toi, ce n'est franchement pas si sale.

Tous les soirs, il faut un repas « équilibré », comprendre : entrée, plat, dessert. Impossible d'improviser un « brunch » à ta façon le dimanche matin (des pâtes en entrée, un bol de Nesquik en plat de résistance, des Schtroumpfs en dessert).

Impossible également de regarder une énième rediffusion de *Friends* sans subir les remarques de ta mère sur le mode :

« Tu les connais pas tous par cœur avec le temps ? »

Oui Maman, c'est là tout le plaisir : on sait que Rachel va finir avec Ross et que Monica est une grosse obsédée de la bouffe.

Bien sûr, impossible de rentrer bourrée ou de ramener un éventuel *boyfriend*. Quelle idée.
Impossible de passer sa journée en pyjama. Alors que franchement, à quoi bon s'habiller si rien ne t'attend ?

PROBLÈME N° 3 : LES VIEILLES HISTOIRES

Tes parents commençant à vieillir, ils ont tendance à ressasser toujours les mêmes histoires. Tu les connais par cœur, mais ils tiennent quand même à t'en faire part (et attendent de ta part une réaction digne de leur anecdote).

Ton oncle (le frère de ton père) qui s'est comporté n'importe comment à la dernière réunion de famille :

« Il aurait quand même pu apporter un gâteau. Mais non, il est arrivé comme une fleur, les mains dans les poches ! Et en retard en plus, alors que tu sais que ces réunions sont importantes pour ta grand-mère. Et le pompon, c'est quand il a commencé à parler des manifs... »

Ça fait vingt ans que ta mère ne peut pas piffrer son beau-frère.

Il y a aussi le dernier exploit sportif de ton père. Il a fait une fois un marathon dans sa vie, en 1983, avant que ce soit la mode du *running* et des montres connectées, mais il se prend pour un grand athlète. Il tient absolument à te montrer tous ses temps et toutes ses photos *finish* des derniers week-ends passés à courir des 10 km. Tu n'essaies même plus de lui dire que tu t'en fous. Tu souris, hoches la tête toutes les trois minutes en ponctuant parfois d'un « mais non ! » ; ça lui fait plaisir d'afficher des performances.

Tu as également droit aux nombreux récits sur le voisinage :

« *Tu sais que Mme Marin va partir en maison de retraite ?
Ça va nous faire bizarre, elle était vraiment gentille
comme voisine, très discrète, mais gentille.* »

Et sur les amis de tes parents :

« *Les Dos Santos nous ont réinvités au Portugal cet été.
Ils parlent beaucoup, mais qu'est-ce qu'elle est chouette,
leur maison.* »

Sans oublier bien sûr les nombreuses histoires de boulot de tes parents. Car eux aussi ont plein d'anecdotes de boulot que tu connais par cœur.

PROBLÈME N° 4 : LES QUESTIONS

En plus de devoir être sympa même les jours où tu déprimes, tu dois affronter les nombreuses questions de tes parents sur ta recherche d'emploi. Tous les soirs, en rentrant du boulot, ils te scrutent, plus ou moins discrètement. Puis commence l'interrogatoire :

« Alors ma chérie,
[la marque d'affection pour mieux appréhender la bête],
tu as fait quoi aujourd'hui ? Tu as répondu à des offres ?
Tu as appelé l'entreprise Machin ? Si je t'assure il faut
les appeler s'ils ne t'ont pas répondu. Et tu as envoyé ton
CV au collègue de Papa ? Je suis sûre qu'il peut t'aider. »

#AmbianceInquisition.
Te voilà à devoir faire un compte rendu précis de tes candidatures. Tu sais qu'ils veulent bien faire. Mais ça te tend. Tu as l'impression que tu n'en fais jamais assez. Ils ne comprennent pas vraiment que le marché du travail a changé et qu'on ne postule plus par courrier. Ils ne comprennent pas non plus que l'on ne te rappelle pas quand tu postules. Ils n'imaginent pas que vous êtes 200 sur un poste.
Du coup, à force de questions, tu en dis le moins possible, tu te renfermes, ce qui ne fait que les inquiéter encore plus.

Alors oui, ça fait quelques problèmes.

Mais la coloc avec tes parents a aussi des avantages, en plus de ne pas payer de loyer – *#PasDePetiteÉconomie*. Tu es nourrie et blanchie. Tes parents savent qu'il ne faut pas te parler le matin avant que tu aies pris ton petit déj, car tu es de mauvaise humeur. Ils savent que tu es allergique à la cacahuète et que tu dois faire attention aux rouleaux de printemps. Ta mère te laisse lui piquer sa crème pour le corps qui sent trop bon (et qui coûte un bras) ; elle fait comme si elle ne t'avait pas vue. Elle t'en a même offert un pot l'autre jour quand vous avez fait une grosse mission Monop'. Régulièrement, elle te refile des fringues qui ne lui vont plus et tu te fais un look délicieusement vintage. Ton père t'emmène en voiture à la gare quand il y a une grève à la SNCF et que tu as prévu de sortir. Et quand il voit que tu es un peu déprimée, il prépare ton plat préféré :

« Le dîner est prêt :
tomates mozza pour tout le monde ! »

#TUNESPASTANGUY
#MONDECRUEL
#MERCIPAPAMERCIMAMAN
#AMBIANCEINQUISITION
#TOMATESMOZZALAVIE
#TANGUY #LAGALÈRETUCONNAIS
#PASDEPETITESÉCONOMIES
#RETOURCHEZLESPARENTS
#TRIANGLEDOR #
#MONDECRUEL
#JENESUISPASTANGUY
#NOURRIELOGÉEBLANCHIE
#GOSSIPAUDÎNER
#AQUANDMABELLEVIE
#MERCIPAPAMERCIMAMAN

CHAPITRE 7
Le sport et toi

" Foule sentimentale
On a soif d'idéal
Attirée par les étoiles, les voiles
Que des choses pas commerciales.
Foule sentimentale
Il faut voir comme on nous parle
Comme on nous parle... "

« Foule sentimentale »,
Alain Souchon

Tous les bouquins, philosophes et conseillers scolaires te le diront : le sport, c'est la santé.

OK, c'est pas tout à fait l'adage, mais tu vois l'idée.

Autant tu assimiles l'idée que le sport fasse du bien à ton corps, autant tu émets quelques doutes quant aux bienfaits moraux de l'exercice physique quand on parle d'enfiler ton jogging Décathlon pour aller t'époumoner dans des allées ensablées d'un parc blindé de poussettes.

Le sport et toi, ça a toujours été une relation « je t'aime - je te hais ». Plutôt « je te hais », d'ailleurs.

C'est pas parce que tu n'y as pas mis du tien. Bien au contraire !

Tu as 10 ans. Tous les jeudis, ta mère vient te chercher à la sortie de l'école pour t'emmener à ton cours de natation hebdomadaire. Les journées très froides d'hiver, enlever tes chaussettes dans la cabine de la piscine sur le carrelage immonde et gelé n'est pas loin de la torture.

Ta mère est fière de tes progrès ; elle raconte chacune de tes longueurs à ton père le soir au dîner. Même si ce n'est pas tout à fait vrai, tu racontes à tes potes que tu nages depuis tes 6 mois (les bébés nageurs, tout ça). Ils sont hyper impressionnés. T'aimes bien y retrouver tes copines et le prof beau à tomber, François, dont tu rêves encore parfois (sans les claquettes bleu et blanc en caoutchouc dégueu). En vrai, t'aurais préféré faire de la natation synchronisée (clairement plus stylée), mais tu ne te trouves pas assez gracieuse pour ça. Au bout de 2 ans, l'année où tu passes en sixième, tu réussis à négocier avec ta mère d'arrêter la piscine sous prétexte que les cours d'EPS imposés au collège suffiront.

Tu as 14 ans, tes dents barricadées derrière des bagues dont ton ortho t'a promis que :

« tu le remercieras quand ce sera fini ! »

Tu as un look calqué sur les derniers épisodes de la trilogie du samedi et des velléités sportives pas franchement prononcées. Ta prof d'EPS, Mme Faurite, qui porte le cheveu court, le corsaire blanc et l'épilation bâclée, te fait découvrir des sports différents.

Tu t'essaies au rugby, en priant tous les dieux pour être dans l'équipe de Jérôme. Quand il te tend un bandana rouge pour te signifier votre rattachement temporaire au même peloton, tu déploies une énergie phénoménale pour t'immiscer dans le jeu. Tu te rends vite compte que t'as pas vraiment parfaitement compris les règles. Après trois fautes et un carton rouge, t'atterris sur le banc de touche :

« C'est inadmissible qu'après six séances tu n'aies toujours pas compris les règles du jeu, c'est pourtant pas si compliqué », s'effare Mme Faurite.

Au lycée, c'est l'enfer. Tu traînes quelques kilos en trop. Ceux dont tu as lu dans *Les Mystères de l'adolescence* (autre cadeau de Mamie) qu'ils sont dus à ce trop-plein d'hormones qui t'envahissent en même temps que les boutons et les élastiques à mettre sur tes bagues. L'auteur prône aussi un exercice physique régulier, pour « aider ton corps à s'épanouir ».

Bien, bien, bien.

En prépa, t'arrêtes tout : pas le temps. Mais c'est la première fois que tu passes autant de temps dans Paris (après toute une scolarité derrière les portes du périphérique, tu fais ta prépa dans le 8e arrondissement). Tu marches partout, tout le temps, pour découvrir la ville.

En école, tu découvres le BDS – ou Bureau des sports, pour les non-initiés. Tu choisis un sport collectif (basket !) ; t'avais lu quelque part que c'est la meilleure façon de se faire des potes. Tu constates que t'aimes bien la compétition, l'adrénaline quand un match est hyper serré...

Wuhhaaa

Au lycée

En prépa

B.D.S.

En école

Aujourd'hui

Mais ça y est, l'école est terminée et tu n'as plus de club. Plus d'obligation hebdomadaire d'aller évacuer les toxines et encourager ton corps vers le chemin du sacro-saint épanouissement. Tu vas devoir faire ça toute seule. Tu n'as pas le courage de te réinscrire ; tu dois déjà trouver un boulot et ça te prend presque 100 % de ton temps.

Parfois, tu télécharges une nouvelle appli et tu te fais des abdos devant ta télé, mais pas tous les jours, il faut attendre que les courbatures aient disparu... Tu te trouves molle.

Un soir, après avoir essuyé un nouveau refus, tu prends un verre avec Anto. Grand adepte de la philosophie de « l'esprit sain dans un corps sain », il te garantit que ça te ferait du bien de faire du sport. Il sait pas lui, va courir ou un truc. Si tu veux, il t'accompagne. Tu n'en as pas vraiment envie, mais ça fait plusieurs fois que tu galères à enfiler ton jean et avec toutes les variantes de pâtes que ton corps a ingurgitées dans les six derniers mois, tu te dis que ça ne peut pas te faire de mal.

Le lendemain, tu te lèves et tu y crois. Pour te donner encore plus de motivation, tu erres quelques minutes (quarante) sur Instagram pour scruter les vies et surtout les corps paradisiaques des quelques mannequins que tu « follow ». Tu te lèves, te vois dans la glace. C'est pas l'Amérique. Tu te dis qu'il faut faire quelque chose. Tu te trouves un jogging et un pull XXL, surtout rien de trop moulant. Tu te visualises en plein effort physique dans les rues de ton quartier. Ça ne te paraît pas très réaliste. Ça te fait peur un peu. Une flemme innommable t'envahit.

Ton téléphone sonne.

Anto

T'es prête ? Je passe te chercher dans 3 minutes en bas de chez toi.

CHOP CHOP

T'es foutue.

Il passe te chercher. Bon pote, il commence à ton rythme et tente de lancer des conversations, auxquelles tu coupes court par la force des choses. Tu ne peux pas cracher tes poumons ET parler ragots en même temps, c'est impossible. Au bout de vingt minutes, tu lui demandes combien de temps il vous reste.

« Ça fait trois minutes qu'on est partis, allez allez. »
Tu paniques.

Trente-huit minutes plus tard, tu as survécu. T'es fière comme un coq. Épuisée, mais fière. Tu sens même que ton corps a déjà un peu changé. À ce rythme-là, dans dix jours, t'es mannequin. Avant de te doucher, tu profites un peu de ce moment de gloire. Tu sais pas si c'est les endorphines, mais t'as comme l'impression que ça va être une bonne journée. Tu te sens d'attaque pour envoyer des candidatures, pour répondre à des mails, passer des coups de fil. T'es la reine du pétrole. Allez hop, à la douche !

T'es douchée, crémée, prête à attaquer ta journée. T'allumes ton ordinateur et ta boîte e-mail. Aucune notification. Tu actualises une première fois. Une deuxième. ACTUALISER, **ACTUALISER**, **ACTUALISER**. Toujours rien.

T'es prise d'une fatigue incommensurable. Comme une valise en plomb qui te tombe sur les paupières. T'as quand même couru près de quarante minutes ce matin. Même les plus grands champions prennent le temps de se reposer. T'as lu il n'y a pas longtemps (la jeune diplômée lit beaucoup) un article sur les bienfaits de la *power nap*, ou « sieste du pouvoir » selon les Anglo-Saxons. Dans cet état de fatigue, tu ne sers pas à grand-chose. À toi la sieste du pouvoir.

Trois semaines plus tard, tu maîtrises mieux la sieste du pouvoir que les sorties sportives. Une semaine après ta première expédition, t'as vaguement considéré l'idée d'enfiler tes baskets et tu t'es souvenue que t'avais un entretien le lendemain et t'avais peur d'y aller avec des courbatures.

Le sport et toi, c'est vraiment pas une histoire facile. Ou plutôt si, facile et platonique. À part l'occasionnel sprint pour choper ton bus qui te laisse dans une transe innommable, tu préfères te concentrer sur ta recherche de boulot. Évidemment, les rares entretiens où on te demande si tu pratiques un sport, tu mens et récites tes chroniques de grande sportive, construites de toutes pièces mais tellement bien récitées que t'y croirais presque...

BIÈRECOMMEUNCOQ
#FLEMMARDEDEHAUTNIVEAU
GROSSELARVE
TUVASYARRIVER

#NOUVELLESCHAUSSURESQUICOURENTTOUTESSEULES

JETAIMEJETEHAIS
#HEALTHYPOURMOIAUSSI #GROSSELARVE
#LAPOWERNAPCESTPLUSFACILE
#TUVASYARRIVER #SOUFFLECOMMEUNBOEUF
#ADIOSLESBASKETSDESPORT
BIÈRECOMMEUNCOQ
#MOTIVATIONÉPHÉMÈRE
#NETFLIXCESTMIEUXQUANDMÊME
#FLEMMARDEDEHAUTNIVEAU
GROSSELARVE
#JETAIME #JEVAISYARRIVER
JETEHAIS

CHAPITRE 8
Ton permis

" Joe, le taxi,
C'est sa vie,
Le rhum au mambo
Embouteillage,
Il est comme ça ... "

« Joe le Taxi »,
Vanessa Paradis

Un jour ton père t'a dit :

« Il faut que tu passes le permis. »

Ça ne t'avait jamais effleuré l'esprit. Le permis ? Pour quoi faire ? Tu as un passe Navigo depuis tes 18 ans, ça te va très bien. Ta grand-mère te propose d'en payer une partie, donc tu t'y mets.

Et c'est comme ça que tu te retrouves en salle de code. Une drôle d'expérience. Il y a vraiment tous types de gens qui passent le code : des jeunes (lycéens), des vieux (plus de 50 ans, ils ont peut-être perdu leurs points ?), des mères de famille qui viennent avec leur bébé parce qu'elles n'ont personne pour le faire garder, et ceux qui débarquent toujours en ayant oublié de prendre un stylo. Comment tu veux remplir ta grille de questions si tu n'as pas de stylo ? Bien sûr ils se font toujours passer un savon par le prof, enfin, le « moniteur d'auto-école ».

Il t'a bien fallu 10 séances pour comprendre que la logique du Code de la route n'est pas tout à fait la même que la tienne. Pour pas mal de questions, il ne faut pas écouter son intuition, mais plutôt apprendre la réponse par cœur. Exemple : si une poule traverse la route (en dehors du passage piéton, bien entendu), il ne faut pas ralentir, car tu peux te faire percuter par le véhicule qui te suit.

Paf la poule...

Après pas mal d'entraînement, le code, c'est dans la poche. Tu peux donc passer à la conduite et les choses sérieuses commencent.

COURS DE CONDUITE N° 1 : ça a l'air hyper facile, tu kiffes (principalement parce que le moniteur a les pédales, donc tu as juste à tourner le volant).

COURS DE CONDUITE N° 5 : tu confonds toujours ta gauche et ta droite, ce qui t'emmène souvent vers des sens interdits. Ça fait râler ton moniteur. Parce qu'en plus tu ne maîtrises pas trop la marche arrière, donc tu galères à te sortir de là – *#Oops*.

COURS DE CONDUITE N° 16 : tu prends l'autoroute pour la première fois. Tu ne sens pas trop la différence entre rouler à 50 et rouler à 110 km/h. Tu trouves ça cool, mais tu regrettes de ne pas pouvoir mettre la radio à fond. Quel intérêt de rouler vite si on ne peut pas chanter fort sur du Céline Dion ? Le moniteur n'est pas de ton avis.

COURS DE CONDUITE N° 22 : ton moniteur te dit qu'il faut que tu arrêtes de rouler comme une mamie. Tu accélères.

COURS DE CONDUITE N° 24 : ton moniteur te dit qu'il faut que tu arrêtes de rouler comme un chauffard :

« On n'est pas dans GTA ».

Tu te calmes et essaies de trouver un juste milieu entre conduite sportive et conduite-qui-gêne-tout-le-monde-parce-que-tu-n'avances-pas.

TUTO : Comment sortir d'un parking

C'est la première leçon de la journée : 8 h du matin.
La voiture de l'auto-école est garée dans le parking souterrain.

❶ Sortir de sa place sans accrocher le gros 4x4 garé à côté
et faire demi-tour.

❷ S'engager dans la pente hyper raide.

③ Attendre que la porte s'ouvre en gardant le pied sur l'accélérateur, la main sur le frein et un œil dans le rétro.

④ Sortir enfin et manquer d'écraser une poussette.

COURS DE CONDUITE N° 30 : tu demandes pour la énième fois quand tu pourras passer l'examen. On te répond que tu n'es pas encore prête (variante d'«il n'y a pas de place en ce moment ») et te demande un nouveau chèque. Ta grand-mère n'avait pas vraiment prévu de payer au-delà des 20 heures de conduite réglementaires et tu ne veux pas non plus lui piquer toute sa retraite. Tu vas donc piocher dans la cagnotte qui était prévue pour ton tour du monde. Tour du monde qui devient de plus en plus hypothétique si dans six mois tu n'as toujours pas de permis et plus d'argent.

COURS DE CONDUITE N° 40 : tu fais tes comptes, ton permis t'a coûté 2 000 € à ce jour. Tu l'as passé une fois et raté. Tu désespères de l'avoir un jour.

COURS DE CONDUITE N° 42 : tu te remotives et te donnes pour objectif de le repasser en moins de 50 séances.

EXAMEN DU PERMIS DE CONDUIRE N° 2 : sur le périph, tu dois doubler. Apparemment tu as vu un peu court, car l'examinateur utilise sa pédale de frein. C'est mort là, non ?

Tu te mets à la recherche de bons plans. Tu fais le tour de tes potes pour leur demander conseil.

Anto te propose de le passer en province :

« *Meuf, la province c'est l'Amérique ! Tu es sûre de l'avoir. Y a pas de file d'attente pour l'examen vu que tout le monde fait la conduite accompagnée à 18 ans, les cours sont moins chers, y a moins de voitures, c'est vraiment plus cool. Si tu veux je te donne l'adresse de mon auto-école au Croisic ?* »
#AntoLesBonsTuyaux.

Caro te parle de son stage accéléré :

« *OK, je vois ton problème. Alors moi j'avais fait un stage accéléré à Melun. Ouais Melun c'est un peu le bout du monde, deux heures de RER. Ça te prend quinze jours, le mieux c'est de dormir sur place. Tu fais le code le matin et la conduite l'aprèm. Il y a peut-être des formules pour les gens qui ont déjà le code, comme toi. Franchement, c'est hyper efficace. Je l'ai eu direct ; après c'est vrai que quinze jours de conduite, c'est un peu court. Je ne suis pas encore vraiment hyper à l'aise mais bon, j'ai tué personne.* »
#TousAuxAbris.

Clarisse te conseille la conduite supervisée :

« C'est pour les mecs qui sont trop vieux pour la conduite accompagnée. C'est un peu le même principe : il faut que tu aies fait un certain nombre d'heures de conduite avec un moniteur. Je pense que toi c'est bon, t'as atteint le quota... Après tu conduis avec un superviseur, qui n'est pas forcément un de tes parents. Ça peut être un pote par exemple, du moment qu'il a son permis depuis quelques années. Moi je l'avais fait avec Maman parce que j'étais en stage dans sa boîte, on allait au boulot ensemble, c'était chan-mé ! Je l'adore. »

#OkDaccordSuper.

Ton moniteur aussi y va de son petit conseil :

« Mademoiselle, vous savez que vous pouvez louer des voitures à double pédale ? Ça coûte moins cher que de prendre une heure de conduite avec un moniteur, aussi charmant soit-il *clin d'œil*. Et comme ça vous pourrez vous entraîner tranquillement le week-end. Et vous reviendrez nous voir quand vous serez plus à l'aise, hein ? »

#VaVoirAilleursSiJySuis.

Mathieu te chauffe pour le passer à l'étranger :

« Mais va au Maroc ! Sérieux, c'est le plus simple.
Là-bas tu vas l'avoir, c'est obligé. Tu peux le négocier
avec l'examinateur. C'est ce que j'ai fait, franchement c'est
canon. Après faut juste faire les démarches pour
le valider en France, mais c'est 100 % garanti. Et en plus
ça te fait une occasion de passer des vacances au soleil.
Tu vas kiffer ! »
#PermisToutBudget.

Tu pèses le pour et le contre :

POUR : ton auto-école se fout de toi en te demandant de repayer pour 10 heures de conduite avant de repasser l'examen ;

CONTRE : changer d'auto-école implique forcément des frais et des complications...

T'as la flemme

Et puis tu dois bien l'avouer : tu aimes bien ton moniteur. Après tant d'heures passées à conduire à côté de lui, il est un peu devenu ton psy. Qui d'autre pourrait t'écouter sans broncher pendant que tu déblatères sur ta vie ? Il a bénéficié d'à peu près tous les épisodes de ton existence : tes galères en stage pour avoir des missions intéressantes, le retour en « coloc » chez tes parents, toutes les fois où tu t'es plainte en mode « les mecs, c'est tous des connards », tes interrogations sur la façon de rédiger un CV (on peut mentir ou pas ? Non ? Même un petit peu ?) et bien sûr tes difficultés d'apprentissage de la conduite.

Il sait presque tout de toi, de ton actualité de jeune diplômée cherchant le job de ses rêves et tu ne sais rien de lui. Le mec reste assis sur son siège, bien « focus » sur ce qu'il a à faire : te dire quand tourner et corriger tes fautes. Il réagit rarement à ce que tu lui racontes. Il ne te relance pas vraiment mais ne te demande pas de te taire non plus. Du coup, tu continues ton monologue. Parce que si tu ne disais rien, ce serait horriblement chiant. Autant tirer profit de ces heures de conduite. Toi, ça te libère de vider ton sac.

Parfois tu te décourages : tu n'as même pas besoin de conduire, à quoi bon avoir ce fichu permis ? Tu pourrais tout simplement te trouver un mec qui a son permis et qui te conduirait partout. En plus ça t'éviterait d'être Sam (celui qui ne boit pas). À Paris on peut tout à fait s'en sortir avec un passe Navigo pour le métro et des virées en Vélib', même si tes parents trouvent que c'est hyper dangereux le vélo à Paris. Depuis que tu as manqué de te faire écraser par le bus 68 à l'angle de Raspail et Saint-Germain, t'es d'accord avec eux. Quand tu auras un job tu prendras l'Uber, tout sera tellement plus simple.

En même temps tu aimes bien les voitures. Quand à l'auto-école ils ont la nouvelle Clio, tu es tout excitée. Tu en es la première étonnée. Mais c'est assez agréable de conduire une voiture qui fonctionne bien (et qui fait plein de choses toute seule). Et puis avec ton permis tu pourras prendre des routes mythiques toute seule :

la Pacific Coast Highway entre Los Angeles et San Francisco, le rêve !

Si ça se trouve, bientôt les voitures se conduiront toutes seules et on aura juste besoin du Code de la route. Et ça, tu l'as déjà.

EXAMEN DU PERMIS DE CONDUIRE N° 3 : te voilà sur le parking du centre d'examen avec trois autres candidats. Chacun y va de son anecdote pas flippante du tout.

CANDIDAT N° 1 (un jeune homme à peine plus vieux que toi) :

« La dernière fois que je l'ai passé, l'examinateur s'est presque endormi à côté de moi, je suis sûr qu'il a rien regardé de ce que j'ai fait. Du coup j'ai pris la confiance et j'ai raté mon créneau. J'avais trop le seum. »

CANDIDAT N° 2 (une femme, la quarantaine) :

« Moi c'est la première fois que je le passe. En venant ici j'ai vu un accident au carrefour, oh là là ça m'a stressée ! J'espère que c'est pas un mauvais signe, moi je crois beaucoup aux signes et j'aime pas ça. »

CANDIDAT N° 3 (un gamin avec des gros écouteurs) :

« Je peux passer en premier ? Comme ça l'examinateur
sera pas fatigué, et j'ai plus de chances de l'avoir.
Ça vous dérange pas ? »

Finalement c'est toi qui passes la première, sur ordre du moniteur qui vous accompagne. Il s'assied à l'arrière. L'examinateur tire la gueule. Tu t'installes et te récites ton petit pense-bête :

S D R F = siège, dossier, rétro, frein à main.

Tu mets le contact, sourire timide à l'examinateur et c'est parti !

Tu reviens bredouille... C'est peut-être le moment d'appeler Anto pour lui demander son contact du Croisic...

#VAVOIRAILLEURSSIJYSUIS

#OOPSDÉSO #PERMISTOUTBUDGET

#CHEVEUXAUVENT #MONITEURPSY

#TOUSAUXABRIS

#SDRF #GRAALINESPÉRÉ

#ANTOLESBONSTUYAUX

#DANGERPUBLIC #

#CASERTAQUOILEPERMIS

#OKDACCORDSUPER

#SDRF

#GÉNIALSANSLESPÉDALES

#POURUNEPROCHAINEFOIS

#OOPSDÉSO #PERMISTOUTBUDGET

CHAPITRE 9
Le CDI

Tel est mon destin
e vais mon chemin
Ainsi passent mes heures
Au rythme entêtant des
battements de mon cœur
[...]

Je vais les routes
et je vais les frontières
Je sens, j'écoute,
et j'apprends,
je vois le temps s'égoutte
au long des fuseaux horaires
Je prends, je donne,
avais-je le choix ? "

« Destin »,
Céline Dion

#VACANCES **#INDÉPENDANCE**

#ARGENT **#FINDELaCOLOC**

#ADULTE

#WEEKENDS **#RESPONSABILITÉS** **#APPARTEMENT**

#SÉCURITÉ

#LIBERTÉ

#Champagne

Un jour, tu reçois un appel d'une RH. Elle te propose un boulot. T'es dans la rue avec tes potes ; t'es prise de court. Emportée par un pic d'adrénaline, tu réponds « oui, oui, oui » sans trop savoir à quoi t'acquiesces. Tu conclus par un :

« merci, bisous »

sorti par réflexe. T'as un peu la honte, mais t'en peux plus de bonheur. Ça y est. T'as trouvé un boulot. Un CDI même que. Tu vas avoir un job, des collègues, des responsabilités... un salaire ! Tu vas pouvoir te prendre un appart, sortir avec tes potes, vivre ta vie.

À toi la liberté !

Tu rentres chez toi, tonitruante. Tu appelles ta mère (elle est toujours au boulot, il est 15 h). Elle pleure de bonheur et te félicite, elle est très fière de toi. Tu appelles ton père. Il s'occupe de réserver un resto pour l'occasion. Il t'embrasse et te voit ce soir,

« bravo ma chérie ».

Tu raccroches. Tu ne touches plus terre. Tu reçois un texto.

T'as comme un trou. Tu te souviens vaguement de l'annonce, des échanges d'e-mails et d'être allée à des entretiens dans le 17ᵉ arrondissement. À moins que ça n'ait été dans le Marais ? Tes huit derniers mois se mélangent et tu as du mal à précisément différencier les entretiens. Tu mets ça sur le compte de l'émotion.

Tu temporises.

144

Le soir même, tu as un peu du mal à répondre clairement aux questions de tes parents. Ils t'interrogent sur ton entreprise, tes missions, tes horaires, ton salaire... Tu te rends compte que t'es encore un peu floue sur tous les aspects concrets de ce boulot, celui censé t'apporter l'indépendance et la plénitude tant attendues. Tu te fais confiance. Tu sais que si tu y as postulé, c'est que tu devais avoir une bonne raison.

Le lendemain, tu te lèves à 10H30. Parce que tu peux. Telle Cendrillon, tu vis dans un monde merveilleux où les oiseaux te nouent les cheveux et t'aident à faire ton lit. Après huit mois de noir et blanc, tu retrouves la vie en couleur. Tu te vois dans la glace. Tu te trouves belle. Avoir un CDI, ça te réussit.

Justement, le CDI. Dans tes e-mails, tu retrouves les échanges avec la RH, qui te guident jusqu'à l'annonce.

Offre d'emploi/CHEF DE PRODUIT MARKETING CATALOGUE/ FNOK

Divers ▼

<< RETOUR À TOUTES LES OFFRES

CHEF DE PRODUIT MARKETING CATALOGUE

Mise en œuvre du plan produit :
Gestion de projet/développement produit : travail en équipe avec différents métiers (coordination entre les différentes fonctions impliquées : industrielles, R&D, réglementaires, communications…)
Élaboration des textes produits et des books de communication produits,
Coordination des plannings projets.
Suivi Brief labo, pack, doc… Recherche nouveaux concept

Suivi des performances :
Analyse des résultats produits et des ventes
Challenges des forcasts commerciaux

Veille concurrentielle :
Veille innovations/tendances
Pige médias
Études de marché et de prix

Votre profil :
De formation école de commerce ou équivalent universitaire : bac+ 4/5
Autonomie/force de proposition/curiosité, Esprit de synthèse, Bonnes capacités d'analyse, Capacités relationnelles pour travailler en équipe.
Anglais courant, l'espagnol serait un plus.
Salaire : ouvert à négociation

INFORMATION

Entreprise
FNOK.
Voir les autres offres de cet employeur (33)

Lieu du poste
Île-de-France

Régions
Île-de-France

Métiers
Marketing/Publicité

Type d'offre
CDI

URL direct pour postuler

Mise à jour le
11/01/2016

Début
08/02/2016

RIRE

ES DE
RCHE

VOFFRE
hoisissez -- ▼

R
keting/Publicité ▼

N
hoisissez -- ▼

RCHE PAR MOT CLÉ

acte
ntient
mmence par

Rechercher

« Textes produits », « gestion de projets », « suivi des performances »... Tous ces termes techniques ne t'aident pas vraiment à y voir plus clair.

Ça te revient. T'es censée t'occuper de tout l'aspect marketing du catalogue, qui sort trois fois par an et qui présente tous les nouveaux produits de ta future boîte.

OK. Ça n'a pas l'air transcendant comme ça, mais OK.

« Salaire : ouvert à négociation. » Tu en as déjà un peu parlé avec la RH, lors des entretiens. Quand elle t'a demandé quelles étaient tes ambitions salariales, tu avais répondu que tu n'étais pas motivée par l'argent et que ce qui t'intéressait réellement, c'était de travailler dans une entreprise aussi stimulante que la leur.

Tu parles.

Au téléphone, la RH t'en a reparlé. Quand t'as entendu le mot « mille », tu t'es tout de suite vue à Las Vegas, en robe de couturier cousue d'or et brodée d'argent, descendant les marches d'un gigantesque casino comme si c'était ton royaume. T'as compris qu'elle te parlait d'un salaire annuel et t'as fait le calcul par mois. T'es partie de Las Vegas pour atterrir au Franprix de ta rue, en jogging/tee-shirt sale.

C'est plus que ce que tu gagnes aujourd'hui (c'est-à-dire « rien du tout », dixit messieurs dames tes parents), donc c'est toujours ça de pris. Tu fais un rapide calcul : en payant un loyer moyen, en faisant des courses hebdomadaires et en sortant pas plus de trois fois par mois, il te reste moins que ce que tu gagnais en donnant des cours particuliers.

Oui, mais tu auras des responsabilités !

Enfin, si tu valides ta période d'essai. Autre point, le contrat commence par une période de trois mois renouvelable (mot-clé : « renouvelable ») pendant laquelle tu peux te faire virer du jour au lendemain, au gré des desiderata de tes supérieurs hiérarchiques. Sympa. Tu fais ton boulot avec toute l'implication que tu peux y mettre en sachant que tu marches sur des œufs pendant trois, voire six mois. C'est pas loin d'être un stage de préembauche quand t'y penses.

Si tu valides ta période d'essai, tu passes en contrat à durée indéterminée (mot-clé : « indéterminée »). En clair, si ça se passe bien, tu peux faire ce boulot *toute ta vie.* Toi qui ne t'es jamais vraiment posé de questions et qui as toujours tout fait bien, tu n'as jamais pris de décisions aussi engageantes...

Tu es victime d'une grosse remise en question.

Et si, en fait, t'aurais dû dire " non, non, non " ?

C'est vrai que t'as accepté hyper vite une proposition pour un boulot, un job, *un métier*. Tu repenses à quand tu étais petite et que tu te demandais ce que t'allais faire quand tu seras grande. T'es à peu près certaine que tu ne répondais pas :

« chef de produit marketing catalogue ».

Et si tu t'étais emballée trop vite, si t'avais répondu sans réfléchir ?

Et si tu t'étais trompée ?

Et si, en fait, c'était une bêtise, ce CDI ?

T'es prise d'une minicrise de panique. Le monde autour de toi repasse en monochromatique. Ta première vraie décision d'adulte et tu te plantes. Bravo, tu te félicites. T'es prise dans un engrenage sans fin. Tu vas finir vieille fille, dans un boulot ultra rébarbatif, entourée de collègues inintéressants, payée une misère.

Tu broies un peu du noir quand tu reçois un mail.

Eh bien ça y est, t'y es. Embringuée dans un métier que tu ne comprends même pas. Un peu résignée, tu notes la date de ton premier jour dans ton téléphone.

C'est marrant, c'est la veille de l'anniversaire de ta mère. Pour une fois, tu vas pouvoir lui offrir un cadeau avec ton argent, pas le sien. L'idée te plaît. Tu réalises que ton boulot, c'est aussi un salaire. Même ridicule, ça va te permettre de prendre ton indépendance. Tu ne vas pas rouler sur l'or, même pas sur du bronze. Mais l'idée de vivre de tes propres ressources te séduit terriblement.

Et puis tu te souviens de cette année, entre la troisième et la seconde, où tes parents t'avaient envoyée en colo en Angleterre pendant un mois pour

« parfaire ton anglais, c'est important l'anglais ».

T'avais pas du tout envie d'y aller ; t'avais l'impression que c'était interminable et que la rentrée n'arriverait jamais. Finalement, t'as adoré et t'étais trop triste de partir.

Tu regardes un peu en arrière et les huit mois depuis ton diplôme :

22 ENTRETIENS
DONT 7 SUR SKYPE

11 ENTRETIENS DE PERSONNALITÉ

2 ASSESSMENT CENTERS

4 ENTRETIENS « AU CAS OÙ » MAIS SANS AUCUNE PERSPECTIVE D'EMBAUCHE

2 TESTS DE LOGIQUE EN LIGNE

109 VERSIONS DIFFÉRENTES DE TON CV

3 JUIN 2015
OBTENTION DE TON DIPLÔME
120 CRÉDITS
MÉMOIRE DE 62 PAGES
2 STAGES DE SIX MOIS ET 2 RAPPORTS
12 PRÉSENTATIONS POWERPOINT
1 CAMPAGNE D'ÉLECTION POUR LE BUREAU DES SPORTS
8 ATELIERS RÉSEAUX
220 HEURES DE COURS DE SPORTS POUR 15 DISCIPLINES DIFFÉRENTES

154 FAVORIS, AJOUTÉS DANS TON NAVIGATEUR

17 CAS PRATIQUES

53 HEURES À DÉPRIMER SUR TON AVENIR INCERTAIN

86 HEURES À RÉVISER TES ENTRETIENS

FAILLI DÉCROCHER UN JOB À PARIS, LONDRES, PÉKIN ET MULHOUSE

110 ÉPISODES DE SÉRIES REGARDÉS POUR OUBLIER TES PROBLÈMES

19 HEURES D'APÉRO AVEC LES COPAINS POUR QU'ILS ESSAIENT DE TE REMONTER LE MORAL

Tu crées un petit dossier « CV + lettres de motiv » sur ton bureau, que tu ranges dans « Alice ». Jamais une archive de dossier ne t'a procuré autant de plaisir.

Alors, oui, tu sais bien que ton CDI, ce sera pas comme ta colo. Mais tu reprends confiance en toi, en tes capacités à t'adapter et à voir le verre à moitié plein. Plus d'entretiens, de lettres de motiv, de *calls* Skype, d'entretiens de personnalité construite de toutes pièces...

La Fnok t'a choisie. Ils te veulent. Parce que tu as un parcours sans fautes, que tu as déchiré leurs entretiens, que tu es trop forte. Tu es la femme qu'il leur faut.

Et si ça te plaît pas, tu pourras toujours changer. Mais d'ici là, il fera jour.

À toi l'indépendance, à toi la liberté !

WONDERWOMAN DU TRAVAIL

#PASSIRICHEQUECA #PLAITIL
#CHEFPRODUITMA
#GRAALINESPÉRÉ
#MERDELESIMPÔTS #
#OOPSDÉSO
#INDÉPENDANCE
#CHAMPAGNESHOWER
#ENCHAÎNÉEAVIE #PLAITIL
#TUVASTOUTDÉCHIRER
#OOPS
DÉSO #TAVIEESTDEVANTTOI
#PANIQUE
#JESUISUNEADULTE

#PLAITIL #MONDECRUEL

KETINGCATALOGUE

#INDÉPENDANCE

#ENCHAÎNÉEAVIE #JESUISUNEADULTE

#APPELDETAVIE

#PASSIRICHEQUECA #PLAITIL

#TRIANGLEDOR #

#MONDECRUEL

#JENESUISPASTANGUY

#NOURRIELOGÉEBLANCHIE

#GOSSIPAUDÎNER

#AQUANDMABELLEVIE

#MERCIPAPAMERCIMAMAN

Deuxième partie

CHAPITRE 10
Ton premier jour

" Mes chers parents, je pars
Je vous aime mais je pars
Vous n'aurez plus d'enfant
Ce soir
Je n'm'enfuis pas je vole
Comprenez bien, je vole
Sans fumée, sans alcool
Je vole, je vole. "

« Je vole »,
Michel Sardou

Tu en as tellement parlé autour de toi que c'était déjà devenu ta réalité. Tu as complètement épousé l'idée d'être « **chef de produit marketing catalogue** », même si tu ne comprends pas vraiment ce que ça veut dire.

Tu t'imagines un peu comme ça.
#LaClasse

Pendant les quelques semaines qui te séparent de ton premier jour, tu profites du fait d'avoir un boulot (et un salaire) qui t'attend, tout en étant toujours ~~en vacances~~ au chômage.

T'en parles à tout le monde, fière comme un coq. Tu sais pas pourquoi, mais tu sens que ça va bien se passer.

Quand t'y penses un peu trop sérieusement, tu commences à stresser. Tu te demandes comment ça va être, « en vrai » ?

Comment vont être tes collègues, ta boss, ton bureau… ? Est-ce que tu vas réussir à faire ce qu'on te demande ? Est-ce que tu sauras prendre les bonnes initiatives ? Est-ce que tu seras faite pour ton boulot ? Parfois, les questions se bousculent dans ta tête et, tu l'avoues, tu as un peu peur.
Et ton côté « verre à moitié plein » reprend le dessus, tu te dis que ton premier jour n'est que le 8 février, que t'as encore trois semaines devant toi et autant en profiter.

Les trois semaines en deviennent deux

Puis dix jours.

Puis quatre.

Et, très vite, ton premier jour, c'est demain.

Tu ne cèdes pas tout de suite à la panique. Tu règles ton réveil, choisis méticuleusement ta tenue (ni trop coincée BCBG, ni trop *casual* je-m'en-foutiste). Tu t'es même préparé une petite trousse (un stylo quatre couleurs, un crayon, un surligneur rose et une petite règle en plastique) au cas où…

La trousse

Les réveils

La tenue

Tout est fin prêt. Il n'y a plus qu'à. Consciencieusement, tu t'allonges dans ton lit, vérifies que ton portable est bien chargé et éteins les lumières.

Tu ne veux pas trop te mettre la pression donc t'essaies de te détendre et de penser à autre chose... Tu ne penses qu'à ça. Tu comprends que t'as jamais vraiment aimé ça, les « premiers jours ».

Pour ta rentrée en petite section, tu as presque 3 ans (tu es de fin d'année). Ta mère t'a inscrite dans la même école que Marie, la fille de sa meilleure amie, et Marie est devenue la tienne, par extension. Vous vous connaissez depuis toujours, et vos mères se rassurent en se disant que vous serez ensemble et que ça va aller.

Tu ne t'en souviens pas vraiment, mais l'histoire est devenue légende ~~urbaine~~ familiale. La légende veut, donc, qu'en arrivant devant l'école, tu es prise d'une crise de pleurs paralysante. Tu n'es pas une « enfant facile » ; ça n'étonne donc personne. Surtout pas ta mère, qui a déjà brandi de son sac ton doudou et tes bonbons préférés pour te soudoyer (de ne pas lui coller la honte devant sa pote, steuplémerci). Tu es à deux langues-de-chat de la corruption lorsque Marie revient sur ses pas pour venir te chercher. Elle te prend la main :

« *Viens avec moi, ça va aller.* »

Tout va mieux.

Marie et toi, vous faites tout votre primaire ensemble. La suite n'est donc qu'une succession de rentrées ordinaires.

En sixième, tes parents veulent déménager :

« *Tu verras, la banlieue, c'est tellement plus relaxant* »

et te font découvrir le collège de ta nouvelle ville. Au début, l'idée de changer te séduit plutôt. La possibilité de recommencer de zéro, de laisser libre cours à ta personnalité bridée par des années de convenances, de (enfin) devenir qui tu veux être... Et puis, tu es envahie par les questions : les gens, les locaux, les devoirs... Tout va t'être étranger.

Tu arrives dans ce grand bâtiment blanc qui t'impressionne vachement. Sur le chemin, tu croises une fille avec qui tu avais fait un stage de tennis l'été dernier – *#Aubaine*. Tu la harponnes direct ; elle est plutôt sympa. Elle te présente tous ses potes et te fait visiter les locaux. Tu ne la quittes pas de l'année.

Pour ton premier jour d'école, tu connais déjà trois personnes qui intègrent en même temps que toi. Tu les retrouves avant d'y aller ; tu es un peu stressée au moment de te présenter devant toute ta promo, mais au bout de vingt minutes tu te sens déjà chez toi.

Il y a **ton premier jour de stage**. Tu y es déjà allée pour passer des entretiens, donc tu connais vaguement les bureaux, mais tu n'as jamais travaillé en entreprise (tes deux semaines de stage en seconde, c'était plus une garderie améliorée qu'une première expérience professionnelle). Tu as réfléchi pendant des heures à ta tenue, à ta coiffure et à ton maquillage (trop, ça fait pimbêche ; rien du tout, c'est négligé). La stagiaire que tu remplaces te retrouve pile à l'heure à l'accueil et te fait faire le tour des locaux en te présentant par ton prénom et un grand sourire.

Mais ça, c'était avant

Demain, toi, tu commences **ton travail**. Celui grâce auquel tu vas gagner ton indépendance et devenir la femme que tu as toujours rêvé d'être.

Demain, tu es adulte.

Au primaire

Au lycée

En école

En stage

Aujourd'hui, t'es adulte.

Tu essaies de te rassurer en pensant à toutes ces rentrées qui ne se sont pas si mal passées, finalement. Tu te dis qu'il n'y a pas de raison que ce soit pire demain, qu'ils t'ont choisie pour une raison et que ça devrait bien se passer.

Tu luttes puis finis par t'endormir.
Tu manques de te faire écraser par une agrafeuse géante quand tu te réveilles en trombe et en nage. Tu vérifies... C'est bon, il est minuit trente-deux.

2H08.
3H36.
5H43.

« *Alice ma chérie, réveille-toi. Il est 7 h 30.* »

7H30 ! Entre deux poussées d'hyperventilation, tu te rends compte que tu as dû désactiver ton réveil en jouant avec ton portable dans la nuit.

Penser à acheter un réveil traditionnel, qui sonne même s'il est éteint - la base.

Tu sautes de ton lit, avales un petit déjeuner, te maquilles selon tes essais de la veille, enfiles ta tenue préparée de jeune cadre dynamique décontractée qui en veut, attrapes ton sac et claques la porte.

À toi, la vie d'adulte tant attendue !

Sur le chemin, tu es un peu en avance. Comme tu ne veux pas arriver avant tout le monde,

Alice
@Alice_V_91   👤⁺ **Following**

Premier jour de boulot #Jobchanmé #Jailafrousse

↩   ↻   ★   👤⁺   •••
7:55 AM - 8 fév 2016

Textos aux potes, petit tour sur les réseaux sociaux, recherche d'infos en tout genre sur les applis d'actualité pour briller lors de ton prochain dîner mondain...
Ça fait dix minutes que tu attends à l'angle du bâtiment ; il est huit heures moins cinq.
T'as pas peur.

Tu prends ton courage à deux mains, tu ranges ton téléphone et t'y vas.

171

Quand tu la vois pour la première fois, tu la trouves très jolie. Ta n + 1, **Claire Sensi**, est grande, mince, parfaitement maquillée ; tout droit sortie des magazines que tu dévores dans le TGV/ chez le coiffeur/dans ton salon. Tu t'imagines déjà avoir détrôné sa meilleure amie, arpentant les *dance floors* parisiens telles Blair et Serena à leur grande époque. Tu savais que t'avais bien fait de le prendre, ce boulot !

Quand elle s'approche pour t' «accueillir», elle te tend la main avec un dédain tel que tu te demandes si tu ne t'es pas trompée de bâtiment – *#ReineDesNeiges*. Froide comme une porte de prison, tu sens qu'elle a autant envie de te parler que de se faire une épilation du maillot mi-décembre. *#ToiMêmeTuSais*.

Tu es comme saisie d'une soudaine angoisse. Et s'ils étaient tous comme elle ? Et si tu t'étais embourbée dans un mauvais remake de la famille Adams, le côté gothique-chic en moins ? Et si t'avais pris cette décision trop tôt, trop vite ? Est-ce que ça veut dire que ça va être ça, ta vie d'adulte ?

Est-ce que ça veut dire que ça y est, t'es finie ?

Tu la suis comme un chien aveugle dans les dédales de cette entreprise. Pardon, de ton entreprise. Tu étais déjà venue pour tes entretiens, mais ton inconscient a dû préférer oublier le désastre de ces couloirs sans fin, sans âme, sans vie (comme toi, bientôt).

Quand elle t'indique ton bureau, ou plutôt la planche en bois Ikea et les trois tiroirs qui l'accompagnent, tu es un peu déçue. Tu n'y avais pas vraiment réfléchi, mais tu t'attendais à quelque chose d'un peu plus concret, d'un peu plus pro. Pas forcément un bureau de 20 m² avec fauteuils de designer et minibar à whisky, mais tu comptais au moins sur un ordi (tu apprends rapidement qu'il faudra t'arranger avec le département informatique pour ce genre de prérogatives).

Quand la Reine des neiges présente Héloïse à Martine, tu prends quelques secondes pour réaliser que, Héloïse, c'est toi. Tu n'oses pas la reprendre, elle te fait un peu peur. La cinquantaine plutôt sympathique et le look très Desigual, Martine n'a pas l'air bien méchante. Tu es un peu surprise de découvrir que son bureau est tapissé de jaune et envahi de babioles « brandées Koh-Lanta ».
Tu as à peine le temps de rétorquer un « bonjour » que ta boss est déjà trois bureaux plus loin. Tu la rejoins tout juste quand elle te présente à M. Ripoli, le *big boss*. Le cheveu blanc soyeux, il t'accorde quelques secondes de présentation par acquit de conscience, mais tu sens déjà que c'est pas loin du miracle.

Lola, la stagiaire RH au sourire plus *bright* tu meurs qui manie l'anglicisme à outrance. Son hyper enthousiasme et son décolleté éhonté te fatiguent déjà.

Patrick s'occupe de l'informatique, à défaut de son haleine.

Les collègues se suivent et ne se ressemblent pas.

Sylviane
Comptable, elle bosse dans la boîte depuis 35 ans. Vraie commère, elle connait tous les potins de tout le monde

M. Ripoli
Ton *Big Boss*, qui te calcule à peine

Guillaume
Tonjours un gâteau à la main, il te demande tous les jours de lui offrir un café et répète la même blague depuis qu'il est arrivé

Lola
La stagiaire RH qui parle
très fort et à moitié
anglais

Paul
Seul pote un peu sympa
avec qui tu peux déjeuner,
tu ne le vois jamais ; il
bosse comme un chien

Claire
Ta N+1 qui n'arrive
pas à se souvenir de
ton prénom, qui a été
propulsée à son poste
du jour au lendemain

Martine
Ta co-bureau qui ne
parle que de son fils et
de la dernière émission
de *Koh Lanta*

Tu te demandes comment tu vas faire pour te souvenir de tous ces prénoms quand vous retournez à ton bureau. Ça y est : les choses sérieuses vont commencer, quand Claire lâche 500 pages d'un rapport annuel. Le service informatique n'a pas encore géré ton arrivée : tu devrais avoir un PC d'ici à vendredi...

Parce que c'est quand même ton premier jour de boulot et que tu veux bien faire, tu tournes une première page. C'est pas bien digeste, ce truc : marges de 0 cm, police 9, interligne 0,8. Tu lis plusieurs fois le même paragraphe, mais ça fait une heure que tu ne penses qu'à une chose :

tu déjeunes avec qui ?

Tu es hantée par l'idée de te retrouver toute seule à 13 h, sans savoir où se trouve la cantine, sans savoir où aller, perdue. Est-ce que quelqu'un va penser à toi à midi ? Qu'est-ce que tu fais si personne ne t'appelle ? Tu vas gratter l'amitié comme une âme en peine ? Tu veux bien mais auprès de qui ? T'as déjà oublié la moitié des prénoms... Déjà que t'as l'impression que tu as « NOUVELLE » gravé sur ton front, tu as comme une peur incontrôlable que tout le monde te dévisage... Finalement, c'est Lola qui t'emmène découvrir les méandres de la cantine et ses spécialités locales (merguez/purée ou spaghetti bolo – *#ByeByeBikiniBody*)...

Il est 18H37 quand Martine range ses affaires et t'encourage à rentrer chez toi :

« *Ça a dû être bien chargé aujourd'hui déjà.* »

Tu ne veux pas faire la nouvelle aux 35 heures, donc tu fais comme d'hab :

tu temporises.

Tu sors le cahier de ton sac, ton stylo, ton surligneur. Tu les ordonnes sur ~~ta planche Ikea~~ ton bureau et essaies d'y convier quelques petites touches personnelles.

Au bout de trois réorganisations de l'agencement de ton matos, tu craques : tu attrapes ton sac, ta veste et rentres à la maison.

Sur le chemin du retour, tu réfléchis un peu à ta journée. Tu ne veux pas trop te concentrer sur le négatif. C'est quand même ta première journée de boulot ! Tout compte fait, tu t'es trouvée plutôt sympa, assez ouverte aux autres. T'aurais bien aimé te mettre au boulot, mais sans ordi, faut avouer que c'est nettement plus compliqué. Non, franchement, t'as plutôt assuré !

Alors pourquoi tu te sens déprimée soudainement ?

#CAVAALLER #ALLEZMÊMEPASPEUR

#TUESADULTE

#MONEY #QUESTCEQUETUFAISLÀ
#LABROUSSECOMPLÈT

#MONDEDADULTES

#RENTRÉEDUNAUTREJOUR#CAVAALLE

#PREMIERJOUR
MONEYMONEYMONE

#ALLEZMÊMEPASPEUR #ARCHIPRÊT

#YOUCANDOIT

#TUMANGESAVECQUICEMIDI #CAVAALLER

#ARCHIPRÊTE #REINEDESNEIGES

#LERÉVEILQUISONNEPAS #MONEY

#RENTRÉEDUNAUTREJOUR

#YOUCANDOIT #ARCHIPRÊTE

MONEYMONEYMONEY

#ALLEZMÊMEPASPEUR #YOUCANDOIT

CHAPITRE 11
Ta nouvelle vie sociale

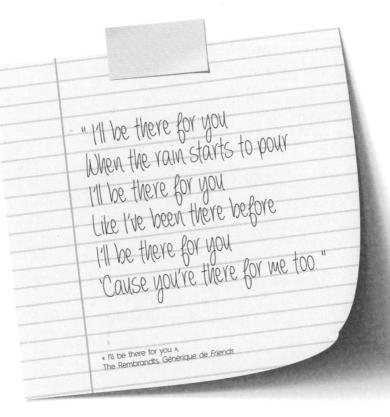

" I'll be there for you
When the rain starts to pour
I'll be there for you
Like I've been there before
I'll be there for you
'Cause you're there for me too."

« I'll be there for you »,
The Rembrandts, Générique de Friends

Maintenant que tu as un travail, tu dois composer avec ton nouvel emploi du temps, à la fois avec tes potes et ta famille.

Avec la famille, c'est simple : depuis que tu travailles, tu as tous les droits. Le droit de rentrer tard le soir parce que tu bosses beaucoup. Le droit de te reposer le week-end parce que tu bosses beaucoup. Le droit de ne pas trop aider à la maison parce que tu bosses beaucoup. Tes parents sont très fiers de toi et te foutent la paix : c'est un peu leur récompense après ces mois de galère.

Ils sont tellement fiers qu'ils en deviennent un peu lourds quand ils te font répéter à tout le monde ton intitulé de poste :

« Allez, raconte à Mamie/ton oncle/Véronique (la meilleure amie de Maman) ce que tu fais ! »

Tu t'exécutes poliment même si tu sais très bien que les gens ne comprennent pas (et se carrent un peu de) ce que tu fais...

Côté amis, ça bouge également. Vous êtes désormais classés en trois groupes :

- ceux qui bossent ;
- ceux qui cherchent du travail ;
- ceux qui poursuivent leurs études.

Avec, forcément, un rythme assez différent...

Ceux qui poursuivent leurs études après un bac + 5 s'embarquent dans un parcours assez éloigné du tien : grosse réorientation du type :

« j'ai enfin trouvé ma vocation : je veux devenir médecin et je rempile pour huit ans d'études ! »

Eh bien bon courage !

Ou envie de travailler autrement :

« en fait j'aime bien les études, donc je vais faire un doctorat et après j'essaierai de devenir chercheur. »

Paix à ton âme.

Tu as envie de leur dire :

Oh les gars, on peut pas rester soudés pour une fois et avancer tous au même rythme ?

Sans compter que ces potes étudiants longue durée remettent un peu en cause ta façon de voir les choses :

« tu acceptes un CDI donc ça veut dire que tu es une grosse capitaliste ? Tu n'es pas un peu jeune pour t'embarquer dans quarante ans de travail salarié ? »

Les discussions peuvent être assez houleuses et ils ont du mal à comprendre que tu doives rendre des comptes à ton nouvel employeur :

toi, tu ne peux pas sécher une réunion pour l'ouverture des JO.

Pour ceux qui cherchent du travail, tu deviens une bête curieuse :

« Comment tu as réussi ? »

Tes potes chômeurs sont dispo en théorie mais pas dispo en vrai, car : ils regardent le dernier épisode de *Master Chef* / ils ont du retard à rattraper sur *Game of Thrones* / ils ont fait la grasse matinée donc c'est mort pour le déjeuner / ils comptent bien se remettre à la réécriture de leur CV et ça ne peut pas attendre. Résultat : tu les vois encore moins que tes potes qui bossent. C'est drôle comme les amitiés sont mouvantes.

Finalement, ceux avec qui tu passes le plus de temps, ce sont tes potes qui bossent. Vous passez du temps à vous raconter vos nouvelles expériences dans le monde du travail : « Il est comment ton boss ? », « Elle est bonne la cantine ? », « Tu peux aller bosser en baskets, en mode *#FridayWear* ou pas ? » Vous passez aussi de longues soirées à imaginer vos prochaines vacances :

« OK alors en 2017, Coachella, 2018, Bali, 2019, Mykonos, 2020, le Pérou ! »

Bon, on y croirait presque...

Au-delà des plans dont tu n'es pas sûre que t'en verras la couleur un jour, ta nouvelle vie offre certains avantages sociaux non négligeables.

Tu arrêtes de te prendre la tête sur les différents moyens de transport pour rentrer chez toi le soir : tu rentres en taxi avec Mathieu, qui peut facilement passer ça en note de frais (sa boîte n'est pas très regardante).

Mais surtout, quand tu pars du bureau le vendredi soir, tu es officiellement en week-end. Tu n'as plus de devoirs à faire, de présentation à boucler, de partiels à réviser.

Avec plus de quarante-huit heures devant toi, entièrement destinées à tes envies perso. Tu peux choisir de voir tes potes, ta famille, de faire du sport (ou pas), de voir des expos... Au début, tu débordes de projets...

- Aller voir la nouvelle expo au Musée d'Orsay
(paraît qu'elle est dingue !)

- Rendre visite à Mamie qui vient de se faire opérer du genou

- Se remettre au sport (encore et toujours)

- Revoir tes copines de collège (ça fait si longtemps)

- Apprendre à te faire les tresses de sirène
(ça fait quinze fois que t'essaies, tu n'y arrives toujours pas)

- Finir la dernière saison de *Downton Abbey*

- Trier et ranger ta penderie (elle déborde alors que tu t'habilles
pareil 4 jours par semaine)

- Bruncher au café M (il paraît que c'est une dinguerie)

- Commencer le bouquin que t'a offert Mamie
(maintenant que tu bosses, tu vas pouvoir te détendre)

- Te refaire les ongles des pieds
(c'est plus possible, on dirait un hobbit)...

Les trois premiers week-ends, tu n'arrêtes pas et reviens au bureau le lundi matin plus fatiguée que tu en es partie. Très vite, tu décides de te la jouer plus cool et essaies de limiter à trois le nombre d'activités dans un week-end...

Après, il y a aussi quelques petits accrocs avec tes potes qui n'arrivent pas à décrocher du boulot... Margaux, qui t'écrit un laconique « je pars du taf » à 20 h 30 alors que tu l'attends au resto depuis un quart d'heure. Anto, le *start-upper*, qui ne peut pas s'empêcher de « checker » ses e-mails le week-end et stresse quand il n'a pas de wi-fi...

Tu ne sais pas trop, ni comment ni pourquoi, mais soudainement, le boulot est devenu votre principal sujet de conversation. Tu retrouves Caro et Anto pour un verre ; il est 19 h 30, l'heure de l'apéro, c'est chouette. Tu as réussi à sortir tôt, tu es contente. Tu commandes un (grand) verre de sancerre (le blanc, c'est mieux pour les traces sur les dents), Caro préfère du rosé (attention le mal de crâne) et Anto une pinte de blonde (classique). Tu as à peine le temps d'attaquer les bretzels (oui, tu sais, c'est mal) qu'Anto a déjà embrayé sur les pépites de son stagiaire, les dernières embrouilles avec son associé et ses ambitions de levées de fonds... Mathieu arrive et surenchérit.

T'es foutue.

C'est pas que tu n'aimes pas ton boulot ou que tu n'aimes pas en parler. Plutôt, ça occupe déjà la majeure partie de tes journées, t'aimerais autant développer d'autres sujets en dehors des horaires de bureau...

Généralement, les discussions s'orientent autour de plusieurs grands axes, en particulier :

– LE RAPPORT AU TEMPS.
Ceux qui trouvent ça presque normal de finir à 21 h VS
ceux qui mettent un point d'honneur à se casser à 18 h 02
et ont des règles de conduite très claires à ce sujet :

« T'as pas de vie si tu finis à 21 h ! Quand est-ce que tu vois tes potes, fais du sport, vas au ciné, te fais les ongles tranquille chez toi ?
- Ben oui mais je peux pas me casser comme ça. Tout le monde reste tard, donc faut être solidaire...
- Qu'est-ce qui va se passer si tu te barres ? Tu peux bien rendre ta présentation le lendemain, de toute façon personne ne va lire ton mail à minuit...
- Détrompe-toi : mon boss regarde ses mails à pas d'heure.
- Et ça te fait pas chier de rien faire de tes soirées ? Ton mec va pas criser ?
- Si, évidemment, mais il a à peu près le même rythme, du coup on profite un max le week-end. »

Les discussions sont plutôt tendues entre Sophie et Caro.

– LE RAPPORT À L'AUTORITÉ ET À LA HIÉRARCHIE.

Ceux qui ont peur de leur boss (ouais on en est encore là en 2016 et c'est plutôt triste) **VS** ceux qui le voient comme un mentor :

« Mon boss est trop trop cool, il va me parrainer pour que je suive une formation sur les sujets que j'aime.
En plus on s'entend trop bien, il est vraiment smart.
- Mais tu le vois comme ton boss ou comme un pote ?
- Non, non, c'est mon n + 1, je suis pas pote avec lui.
Mais on discute vachement de ce que je veux faire dans la boîte, il est hyper à l'écoute.
- T'as tellement de chance ! Moi mon boss, il me fait trop flipper. Il est super exigeant et on sait jamais ce qu'il pense. Il va t'envoyer un énorme taquet, juste pour maintenir la pression. Là, je voudrais poser une RTT pour me faire opérer des dents de sagesse, mais j'ai trop peur de lui demander.
Je pense que je vais annuler ;
j'ai toujours eu des dents pourries
de toute façon donc
foutu pour foutu... »

– LES OBJECTIFS PRO.

Ceux qui veulent absolument être promus dans les deux ans sinon ils vont mal le vivre VS ceux qui attendent que ça se passe et verront bien :

« Vous avez des objectifs, vous ?
- Ouais on doit les faire tous les six mois.
Après, on est évalués sur nos perfs et si c'est bon,
on peut être augmentés.
- Et c'est important ou c'est un peu bullshit ?
- Nan c'est hyper important. Moi je veux être augmenté
à la fin de l'année et après je voudrais passer "senior".
- Ah ouais ? Moi je sais pas du tout.
Si ça se trouve je serai plus là dans un an...
- Ben c'est sûr que si tu demandes rien, t'auras rien.
Moi je leur ai déjà dit que j'étais pas là pour
branler le mammouth ! »

– LES OBJECTIFS PERSO.

Ceux qui attendaient d'avoir un job pour pouvoir se marier, acheter un appartement et faire des enfants (et pas forcément dans cet ordre !) **VS** ceux qui envisagent plutôt de s'expatrier dans un futur proche pour aller profiter de la vie « parce qu'on est encore jeunes ! » :

« De toute façon, moi je reste deux-trois ans max dans ma boîte et après je pars à l'étranger avec ma meuf. »
- Ah bon, mais t'es sûr ? Tu veux partir où ?
Moi je vais rester en France. L'étranger, c'est pas la vraie vie : t'es loin de tes potes, de ta famille, tes habitudes... Tu traînes qu'avec des expats, c'est vraiment un petit milieu. C'est hyper fermé d'esprit en fait.
- Je sais pas... Je pourrais aller un peu partout, c'est vraiment pour voir autre chose : j'en peux plus de Paris !
- Moi je préférerais partir en province. Ce serait cool, je pourrais m'acheter une grande baraque et faire du surf le week-end ! »

Si ça se trouve, dans quelques années, Jean se mariera à Hong Kong, Sophie sera enceinte de jumeaux et Caro déménagera dans la banlieue d'Angers dans une ferme bio.

Et au milieu de tout ça, y a toi.

Toi qui ne sais déjà pas vraiment ce que tu fais là ni, et surtout, où tu vas. Toi qui viens à peine de t'habituer au fait de bosser, à tes missions et à tes collègues.

Quand tu vois tes potes qui débordent de projets, tu te demandes si tu ne devrais pas, toi aussi, te mettre à faire des plans. Tout va si vite : comment ils savent, tous, vers où ils veulent aller ? Est-ce qu'il ne vaut peut-être pas mieux être serein dans ce que tu fais, avant d'avancer vers d'autres projets ?

Après plus de huit mois de galère, tu as enfin trouvé un boulot. Tu as enfin atteint cette fameuse mini-indépendance qui te faisait tant rêver. Et t'as décidé qu'avant d'en changer t'allais peut-être un peu en profiter.

Y a pas de raison.

#PAYETAGALÈRE
#NOUVELLEVIEDADULTE
#PASASSEZDARGENT #PLUSDEVI
#CHEMINSDIFFÉRENTS
#TROPDEPROJETS #PAYETAGALÈ
#PAYETAGALÈRE #CLASHENTREPOTE
#PLUSDEVIE
#CEUXQUIBOSSENTETLESAUTRE
#PLUSDEVIE #LEWEEKENDONSEREPOS
#PLUSSURLEMÊMECRÉNEA
#PASASSEZDARGENT #PAYETAGALÈ
#RENDEZVOUSDANSDIXAN
#PROFITERDESAJEUNESS
#PLUSDEVIE #PAYETAGALÈR

CHAPITRE 12
Ton nouveau rapport à l'argent

" Il en faut peu pour être heureux
Vraiment très peu pour être heureux
Il faut se satisfaire du nécessaire
Un peu d'eau fraîche et de verdure
Que nous prodigue la nature
Quelques rayons de miel et de soleil. "

« Il en faut peu pour être heureux »,
Jean Stout, Pascal Bressy et Jean Cussac
Le Livre de la jungle

Tu n'as jamais été intéressée par l'argent. Intéressée *uniquement* par l'argent, t'entends. Oui, tu n'es pas vénale et tu ne vis pas qu'autour de l'argent. Mais tu sais que tu as un certain train de vie et un niveau de kif mensuel qui nécessiteraient un seuil de revenus idéal.

Petite, tu préfères très vite les pièces aux autocollants que t'apporte la Petite Souris. Ta mère est un peu choquée quand tu lui demandes de poster une lettre à la Petite Souris pour qu'elle arrête de te la faire à l'envers.

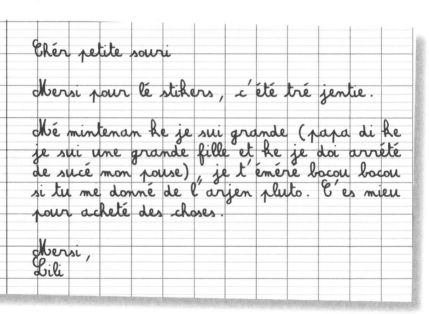

Chèr petite souri

Mersi pour lé stikers, c'été tré jentie.

Mé mintenan ke je sui grande (papa di ke je sui une grande fille et ke je doi arrété de sucé mon pouse), je t'émére bocou bocou si tu me donné de l'arjen pluto. C'es mieu pour acheté des choses.

Mersi,
Lili

Quand toutes tes dents sont tombées, tu es obligée de changer de stratégie et négocies avec tes parents 2 € pour chaque note au-dessus de 17/20 aux examens « importants » (exit les

interros et les travaux pratiques, trop faciles et trop récurrents).
Tu te découvres soudainement une capacité de concentration
étonnante.

Encore une fois, ce n'est pas l'argent en soi qui t'intéresse.
C'est de pouvoir te procurer les quelques *goodies* que ta mère
t'interdit : paquets de fils roses – saveur framboise, tes préférés –
à la boulangerie de l'école ou mini-vernis transparents quand
tu vas faire du « shopping » avec tes copines...

Ceux qui pensent que l'argent ne fait pas le bonheur peuvent
te faire un virement quand ils veulent.

Pour toi, l'argent, c'est l'indépendance.

Depuis ton diplôme, c'est un peu compliqué cette indépendance,
justement. En retournant vivre chez tes parents, l'idée c'est de te
greffer à leurs habitudes, histoire de ne pas (trop) puiser dans
les maigres économies que tu avais faites pendant tes stages.
Là-dessus, tes parents sont plutôt sport : ils te laissent toujours
un ou deux petits billets bleus quand tu dois faire le *refill* des
courses pendant la semaine. Qui dit « sport » dit « exigeants ».
Tu as donc le droit à la liste de courses pour assouvir les désirs
de Mme et M. Vincenti, qui :

« ne peuvent pas tout faire, y en a qui bossent ma vieille. »

Dans la queue du supermarché local, PQ et crème anti-hémorroïdes pour Papa sous le bras, tu te surprends souvent à penser à tes courses à toi, perso, que tu te paierais avec tes propres dollars. Est-ce que tu serais plutôt du genre à craquer pour du quinoa bio bien sous tous rapports ou la grosse plâtrée de pâtes histoire d'être sûre de garder quelques euros pour le rosé ? Jusqu'au supermarché, ton envie d'indépendance te suit partout.

Quand tu commences à travailler à la Fnok, tu as un plan. Tu as réalisé qu'en travaillant de 10 h à 19 h du lundi au vendredi et en déjeunant tous les jours à la cantine, tu ne pourrais pas être dehors à faire les magasins. Tu ne dépenserais donc pas d'argent, tout en gagnant un salaire. Double aubaine. Tu rêves déjà de robes de couturiers, de palaces parisiens et de vacances au bout du monde...

Ça fait un petit peu plus d'un mois que tu bosses à la Fnok et ton banquier ne semble pas tout à fait valider ton plan pourtant si mûrement réfléchi. Là où ta réflexion s'ébranle, c'est avec l'avènement d'Internet. Autant tu as toujours bien aimé flâner dans les allées des Zara et H&M de ce monde, autant tu découvres avec un plaisir effrayant le bonheur de l'achat sur Internet. C'est l'efficacité du « clic ».

Une robe soldée/livraison offerte ? Tu n'as pas acheté de robe depuis une éternité :

tu cliques.

Un maillot de bain en hiver à moitié prix ? Tu seras prête avant tout le monde :

tu cliques.

Des gants de cuisine roses, odeur framboise ? Ça te rappellera les films de la belle époque :

tu cliques.
Clic.
Clic, clic, clic.

Ton téléphone sonne : c'est ton banquier. Il n'est pas content.

Après une première période d'apprentissage, tu apprends (un peu) à (mieux) te contrôler. Tu effaces les quelques alertes préenregistrées des sites de vente en ligne et tu fais, comme qui dirait, un « sevrage du clic ».
Comme tout bon drogué qui se respecte, tu apprends à répartir tes priorités. Tu établis un classement.

Tu as, d'abord, les indispensables : c'est les dépenses dont tu ne peux pas te passer, celles sans lesquelles ta vie n'a plus de saveur. Dans le désordre, en ce moment, tu as :

- un nouveau sac à main (tu l'as déjà repéré, avant que tu n'effaces les alertes ventes privées) ;
- une robe pour la prochaine soirée (celle que tu as achetée avec la livraison offerte était trop chaude pour cet été) ;
- un week-end à Barcelone avec tes copines (il paraît que c'est canon à cette période de l'année) ;
- tester le dernier brunch *Frichti* (c'est si bon à chaque fois, pourquoi s'en priver ?)...

Après, tu as les dépenses facultatives, les « bonus » :

- une couleur chez le coiffeur (t'aimerais bien être rousse comme Jessica Chastain ou caramel comme Jessica Alba) ;
- des BD (t'adores ça depuis que t'as découvert *Tom-Tom et Nana* à 8 ans) ;
- des boucles d'oreilles en or (toutes les tiennes sont en argent) ;
- l'intégrale de *Sex & the City* en DVD (tu pourras débriefer avec les filles à Barcelone)...

Ça demande un peu d'organisation, mais tu finis par t'y faire. Progressivement, tu apprends à « gérer ton argent » (© Maman). Tu apprends également qu'il faut mettre de côté pour payer tes impôts. Quand ~~ta mère te fait~~ tu fais le calcul sur la table de la cuisine, tu te dis que ça fait quand même beaucoup d'argent. L'idée de verser plus d'un mois de salaire d'un coup aux impôts te tend :

tu fais immédiatement un versement vers ton Livret A et te jures de ne pas taper dedans à moins d'une apocalypse imminente.

Une fois que tu as appris à (mieux) gérer ton argent, entre dans l'équation une nouvelle inconnue : les autres. Après des semaines à te prendre la tête sur tes dépenses, ton salaire, ton Livret A, tes impôts, ton cadeau de fête des mères, tes économies pour partir peut-être, sait-on jamais, un jour en vacances, tu déjeunes avec Anto dans un resto dont tu te demandes s'ils te facturent la carafe d'eau.

Tes esprits se brouillent comme une mauvaise chaîne cryptée et ta tête manque de s'effondrer dans ta salade césar à 25 € lorsque ton pote remarque le malaise :

« *Non, non, mais t'inquiète, je t'invite ! On vient de lever un peu d'argent ; c'est ma boîte qui régale !* »

Tu retrouves progressivement ton souffle, mais ta tachycardie passagère soulève une nouvelle problématique :

comment ça se passe quand tes potes n'ont pas la même notion du pognon que toi ?

Face à cette question, tu as établi plusieurs catégories d'opposition, réparties selon différents degrés d'importance et d'éloignement potentiel.

CLASH N° 1 : tes potes qui cherchent un boulot VS ceux qui bossent et gagnent un salaire. L'opposition la plus répandue dans ton groupe d'école n'est donc pas forcément la plus grave. Tes potes qui cherchent finiront par trouver et passeront du côté clair (ou obscur, ça dépend du point de vue) de la Force. *Facteur d'éloignement potentiel : 2/10.*

CLASH N° 2 : ceux qui ont continué leurs études VS ceux qui sont dans la vie active. Tes potes qui ont continué leurs études l'ont fait par passion, parce qu'ils savaient ce qu'ils voulaient faire. Qu'ils veuillent être médecin, avocat ou chercheur en philosophie, ils sont tous habités par un certain goût de leur futur métier. Pour eux, l'argent vient après dix ans d'études.

Finalement, on n'est pas loin du clash n° 1 : tes potes qui font leurs études finiront bien par passer dans la vie active un jour ou l'autre. *Facteur d'éloignement potentiel : 2/10*

CLASH N° 3 : ceux qui vivent encore chez leurs parents VS ceux qui paient un loyer. Lorsque tes potes commencent à bosser, certains préfèrent rester chez leurs parents. Forcément, c'est plus simple de partir en vacances quand tu n'es pas ponctionné du tiers de ton salaire tous les mois pour justifier du toit au-dessus de ta tête. Deux options.

Option A : les pinces. Comme tout ce qu'elles font, les pinces restent chez leurs parents par un souci d'économie excessivement prononcé. Ce sont ces mêmes pinces qui insistent pour répartir jusqu'au dernier centime une addition à quatre et vont te courir après pour le remboursement de 0,72 € (« As-tu bien reçu mon RIB ? Je te l'ai envoyé par mail, Facebook, Whatsapp et texto... »). Le calcul est vite fait, à force de pincer, ces potes finissent plus blindés que tout le monde.
Facteur d'éloignement potentiel : **8,5/10.**

Option B : les Tanguy. Eux restent chez leurs parents parce que « pourquoi pas ? » Il y fait bon vivre, leurs parents sont plutôt du genre avenant et toujours cette même prérogative d'absence de loyer qui leur permet de rembourser leur prêt étudiant ou de régaler les copains dès qu'ils le peuvent.
Facteur d'éloignement potentiel : **1,5/10.**

CLASH N° 4 : ceux qui bossent pour leur job VS ceux qui bossent pour l'argent.
Quand on t'a proposé le poste de « chef de produit marketing catalogue », tu n'étais pas convaincue – ni par le poste ni par la boîte. Mais tu te souviens qu'à l'entretien la RH t'avait parlé de « prise de responsabilités », de « réel point de vue artistique et marketing » et de « progression verticale à moyen terme ». Tu t'étais dit que ça correspondait à peu près à tes envies et ambitions ; t'as dit oui. Le job te plaisait et le salaire correspondait sensiblement à tes attentes. En gros, le package job + salaire était OK.

T'as des potes qui cherchent avant tout des salaires – le métier passe après. Eux ne comprennent pas forcément pourquoi t'as accepté un *job middle*, où le boulot ne te passionne pas et le salaire ne te permet pas d'acheter un pied-à-terre à Ibiza. T'as beau leur expliquer que c'est toujours ça de pris et que le boulot, c'est quand même important, rien n'y fait.
Facteur d'éloignement potentiel : **7,5/10.**

CLASH N° 5 : ceux qui économisent VS ceux qui claquent.
Très certainement le plus généralisant, mais de loin, le plus dangereux – dans un sens comme dans l'autre. C'est celui qui vient ponctuer tes moments un peu sympas, quand tu ne t'y attends pas forcément. Tu pars en week-end chez Anto (au Croisic hein, pas à Majorque) et, dans un souci d'efficacité budgétaire, Caro et toi allez au supermarché, où vous vous attelez à accumuler tous les éléments nécessaires à un week-end réussi. Au moment de payer, vous évitez tout juste le crêpage de chignon quand arrive, avec les bouteilles de vin à 83 centimes l'unité, le débat sur la qualité des produits choisis.
Facteur d'éloignement potentiel : **9,9/10.**

T'es pas sûre d'avoir le meilleur rapport à l'argent qui soit. D'ailleurs, t'es à peu près sûre qu'il te reste encore du travail avant d'être 100 % sereine avec tes dollars (clic, clic). Mais ce qui est encore plus laborieux, c'est de réussir à s'accorder avec tes potes et leurs rythmes/conforts de vie.

Maintenant que tu as des dépenses fixes qui t'incombent mensuellement (ton loyer, tes charges, Internet, ton passe

Navigo), tu ne peux plus te permettre d'inviter Caro à chaque fois que vous allez déjeuner, même si ça te fait plaisir. Sinon, tu te retrouveras en dèche à la fin du mois et ce sera nettement moins de plaisir à l'arrivée.

Tu aimerais pouvoir rembourser tes potes rubis sur l'ongle dès que les comptes du week-end viennent de tomber sur Facebook ; tu aimerais pouvoir faire ton Américain sur la dernière cagnotte en ligne pour fêter les 25 ans/la pendaison de crémaillère/ le diplôme/la dernière épilation de Caro ; tu aimerais pouvoir dire :

Non, non, non, j'insiste, cette fois c'est moi

à ton pote Anto quand il tend sa carte au serveur du Jockey.

Mais voilà, tu as 24 ans, tu es fraîchement diplômée et tu ne croules pas sous les dollars. Ça va, hein, t'es pas à plaindre. Parfois, tu te fais des kifs et ce n'est que le début – tu pars du principe que ça va aller en s'améliorant. Mais pour réussir à boucler tes fins de mois sans (trop) dépasser et en mettant de l'argent de côté pour tes impôts, t'es un peu obligée de te serrer la ceinture.

Alors tu fais comme tout le monde : ce que tu peux.

#Money #COMMENTGÉRERSONARGENT
#DÉPENSERSANSCOMPTER
#TUESRICHE
#BOUCLERSESFINSDEMOIS
#PLAFONDDEDÉPENSE #JESUISRICHE
#MINIKIFDESALARIÉ
#JESUISRICHE #TUMEPRÊTES5EUROS
#MONEYMONEYMONEY
#CommentGérerSonArgent #DÉPENSERSANSCOMPTER
#ENFAITVAUTMIEUXCOMPTER
#DépensesEntreAmis #MONEY
#TUMEPRÊTES5EUROS
#JESUISRICHE #BonjourmonsieurLeBanquier
#BOUCLERSESFINSDEMOIS
#Money #COMMENTGÉRERSONARGENT
#MINIKIFDESALARIÉ

CHAPITRE 13
Ta routine au boulot

" Dites-leur que chacun sa route
Chacun son chemin
Chacun son rêve
Chacun son destin
Dites-leur que chacun sa route
Chacun son chemin
Passe le message à ton voisin "

« Chacun sa route »,
Tonton David

Cela fait plus d'un mois que tu es à la Fnok. Tu as déjà tes petites habitudes. Ta journée type commence comme ça : tu t'arrêtes devant l'immeuble de la Fnok et ouvres ton sac à l'agent de sécurité. Tu penses « Oui c'est le bordel » en cherchant ton badge et comptant dans ta tête :

1 banane pour le goûter,
1 vieux journal,
1 chargeur de téléphone,
1 stick - pardon, 2 sticks à lèvres,
1 tampon échappé de sa pochette.

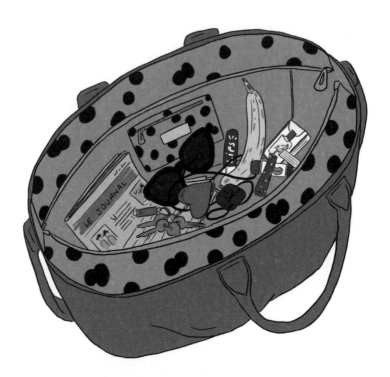

Tu dis bonjour avec un sourire automatisé. Tu commences à les connaître, les agents de sécurité : il y a le vieux qui doit être le chef, ceux qui sont plus ou moins sympas en fonction de leur humeur et des résultats de foot de la veille, et une femme. Ce jour-là, le monsieur t'accueille par un :

« Votre sac, mademoiselle...
C'est madame ou mademoiselle ?
- Mademoiselle
- Ah bon ? Comment ça se fait ? »

Tu sors ton badge, bipes et passes la porte.

Après un voyage anormalement long dans l'ascenseur, tu poses ton sac à ton bureau, salues tes collègues, allumes ton ordinateur et pries pour qu'il ne lance pas la millième mise à jour de Windows. En attendant, tu pars te faire un petit café pour échapper aux histoires de Martine. Écouter dès 9 h 30 ses anecdotes sur « mon Martin » et la dernière rediff de *Koh-Lanta*, c'est au-dessus de tes forces.

À la machine à café, tu retrouves Sylviane. Dans une autre vie, Sylviane devait être un fennec, ces animaux qui ressemblent un peu à un renard mais avec de très très grandes oreilles. Sylviane, c'est pareil :

elle a de grandes oreilles, orientables, et elle capte TOUT.

« Dans son environnement naturel,
la Sylviane est toujours aux aguets. »

C'est la commère du quartier. Rôdant en permanence autour de la machine à café, tu te demandais au début si elle s'occupait de sa maintenance.

Elle sait tout ce qu'il se passe dans la boîte : qui a flirté avec qui, qui va se faire virer (avant même que l'intéressé soit au courant), où et avec qui le boss part en vacances, quand aura lieu la prochaine réorganisation des équipes... En fonction de la position de Sylviane, tu sais qui va morfler.

● Si Sylviane est toute seule, face à la machine, dos aux collègues, elle va vouloir monopoliser la machine très longtemps, en s'assimilant tous les ragots qui s'y disent.

● Si elle est dos au mur, face à la pièce, elle va te sauter dessus et pas te lâcher.

● Si elle est en pleine conversation avec une collègue, elle va même pas te calculer et parler de toi comme si tu n'étais pas là...

Tu retournes à ton poste, ouvres tes e-mails, un onglet pour le travail (e-mails, agenda, applications pro) et un onglet pour le perso (e-mails, Facebook, Twitter, Pinterest).

Tu vaques à tes occupations jusqu'à midi environ, heure à laquelle tu commences sérieusement à réfléchir à l'organisation de ta pause déj.

Choix du collègue, choix du lieu, choix du repas : tout peut avoir une répercussion directe sur la suite de ta journée. Un burrito et c'est la sieste assurée, une salade de concombre et c'est l'hypoglycémie en pleine réunion.

Rien n'est à laisser au hasard.

AS-TU FAIM ?

OUI

AS-TU UNE RÉUNION APRÈS LE DÉJEUNER ?

NON

SALADE À TON BUREAU FACE À MARTINE.

OUI

DOIS-TU ENCORE PRÉPARER DES CHOSES POUR CETTE RÉU ?

NON

GROS MACDO AVEC PAULO.

OUI

PETIT SANDWICH AU PARC EN BAS EN PRÉPARANT TA PRÉSENTATION.

NON

CANTINE TRISTOUNE AVEC GUILLAUME ET SES KIWIS.

Souvent, dans l'après-midi, en général autour de 15 h 30-45 (post-digestion), tu dois participer à une réunion. Ce jour-là, tu es en réunion avec Claire, Ripoli, d'autres collègues et un prestataire à qui vous faites une proposition.

La discussion dure plus d'une heure et est parsemée de mots-clés bien comme tu les aimes :

**« DATA », « EXPÉRIENCE CLIENT »,
« MARKETING CONVERSATIONNEL »,
« ACHATS PROGRAMMATIQUES »...**

Tu décides de jouer au « bingo réunion » pour passer le temps.

Le principe est simple : sur un coin de ton cahier, tu te fais une grille de mots que tu dois cocher au fur et à mesure qu'ils sont prononcés pendant la réunion. À la fin de l'heure, ta grille est presque remplie ; tu es lessivée. Tu trouves que cette heure n'a pas servi à grand-chose, mais tu l'as plutôt pas mal rentabilisée.

LE BINGO DU
"J'm'ennuie en réunion"

CALL TO ACTION	**DISRUPTIF** ✓	**MOBILE** ✓	*E-RÉPUTATION*
NEXT STEP	**ROI**	**ACCESSIBILITÉ**	**MULTICANAL**
IMPACTANT	**ACHAT D'ESPACE**	**LISIBILITÉ** ✓	**WEB**
INNOVATION ✓	*REAL TIME*	**INTERACTIF**	**RÉALITÉ VIRTUELLE**
RELATION CLIENT	*DATA MANAGEMENT*	*DIGITAL* ✓✓✓	*OFFLINE*

LE BINGO DU
"J'm'ennuie en réunion"

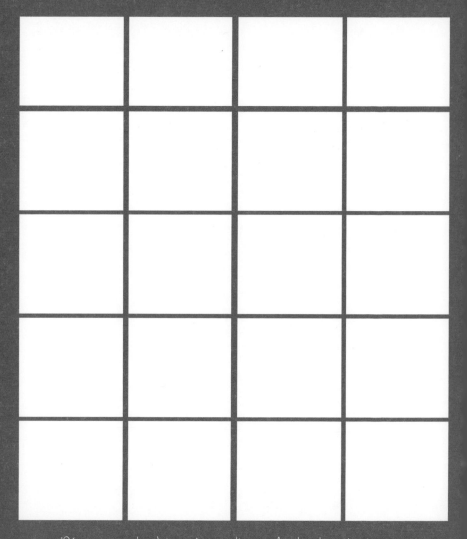

Découpez votre bingo à remplir pendant votre réunion.
N'hésitez pas à le scanner pour en avoir beaucoup ! On sait jamais.

Tu retournes à ton bureau, en passant par la machine à café. Il est 16 h : tu manges ta banane. C'est le moment où tu commences à te mettre à l'aise. Tu t'enfonces dans ta chaise, branches tes écouteurs, lances ta playlist *Working hard/hardly working*. Tu enlèves tes ballerines pour libérer tes petits pieds. Il y a de la moquette, c'est fait pour ça, non ?

Quand le téléphone de Martine te sort de ta torpeur postdigestion/postréunion/préapéro, tu réalises que tu es vissée sur ta chaise depuis bien trop longtemps. Tu pars te dégourdir les jambes, remplir ta bouteille d'eau, te faire un café et/ou les deux en fonction de ton degré de fatigue/déshydratation. Tu fais un tour par le bureau de Lola, la ~~GO du club med~~ stagiaire RH, parce qu'elle a toujours plein de trucs à manger. Aujourd'hui, elle est partie sur des muffins chocolat, faits maison (ricaine jusque dans ses pâtisseries...). Tu lui dis que son orchidée, sur le bord de son bureau, est vraiment très belle. Tu sais que ça lui fait plaisir.

Tu t'arrêtes également près du bureau de ton collègue plutôt pas mal. Tu mates son écran : il est sur un site immobilier. Tu entames la conversation :

« *Hey salut, ça va ? Tu cherches un appart ?*
- Salut ! Oui ma copine monte à Paris,
on va habiter ensemble.
- Ah super ! »

Tu contiens ta déception :

encore un de maqué.

À partir de 18 h, tu commences à établir ta *to do* list pour le lendemain.

Au lieu de faire tout ça ce soir n'importe comment (tu es clairement trop fatiguée pour fonctionner correctement), tu préfères t'organiser pour le lendemain. Tout est une question d'organisation.

- Rappeler Jean-Machin
- Finir Excel
- Terminer présentation
- Vérifier les fautes dans le mail puis l'envoyer

Vers 19 h, tu ranges tes affaires quand Martine te propose de rentrer ensemble. Tu hésites : elle n'est pas méchante, mais elle parle beaucoup trop et ça fait trois fois qu'elle te raconte l'épisode de la réunification des rouges et des jaunes. Tu es sur le point de trouver une excuse bidon lorsque ton téléphone sonne :

" Claire SENSI ".

Tu hésites à répondre.

« *Oui... Alizée.*
(Toi, c'est toujours Alice et elle n'a toujours pas appris ton prénom,
mais il est tard, c'est pas le moment...)
Tu peux me rappeler où trouver les logos sur le réseau ? »

Tandis que tu la guides pour retrouver un dossier qui était pourtant tellement simple à retrouver, tes collègues ont quitté votre *open space*.

Ça y est, elle a trouvé. Tu raccroches, un brin agacée qu'elle t'ait appelée pour lui expliquer un truc d'un basique démentiel.

Portable, sac, veste, ascenseur.
Ça y est, t'es dehors.

Caro t'envoie un texto. Ça fait une semaine que vous avez emménagé en coloc. Elle veut savoir si tu dînes à l'appart et si tu pourrais passer faire quelques courses. Elle prend un verre avec Mathieu (tu peux les retrouver si tu veux, ils sont à côté de la maison) mais est opé pour vous faire un dîner un peu cool juste après. Ça tombe bien, tu boirais volontiers un coup.

Dans le métro, entre deux aisselles en fin de journée, tu repenses à ta routine de « chercheuse d'emploi ». Tu fais un constat plutôt positif du chemin parcouru : petit moment de fierté. Alors, certes ce n'est pas forcément le job de ta vie, mais c'est déjà ça et il faut savoir s'aider dans la vie. Tu décides d'être un peu moins dure avec toi-même... T'as toujours su que tu étais ta meilleure alliée. Ce boulot, tu n'y feras pas carrière, mais ce n'est pas l'enfer non plus. Tu en changeras quand tu seras prête.

Tu as 24 ans, toutes tes dents, un boulot qui tient quand même la route, un salaire, une coloc, des potes que t'aimes bien... Avec le recul, tu réalises que ça fait un bout de temps que tu n'as pas été aussi calée dans ta vie, finalement. Tu te dis que tu as quand même fait quelques années d'études et que tu mérites de kiffer un peu. Une fois n'est pas coutume, tu vas essayer d'en profiter et de vivre ta vie comme tu en as envie.

Alors oui, si ça se trouve, dans quelques mois, tu craques et tu plaques tout.

Mais d'ici là, tu la joues piano piano.
Un pas devant l'autre.

Et tu recommences.

#CAVAALLER #ALLEZMÊMEPASPEUR

#TUESADULTE
#MONEY #QUESTCEQUETUFAISLÀ
#LABROUSSECOMPLÈT
#MONDEDADULTES
#RENTRÉEDUNAUTREJOUR#CAVAALLE

PREMIERJOUR
MONEYMONEYMONEY
#ALLEZMÊMEPASPEUR #ARCHIPRÊ

#YOUCANDOIT
#CAVAALLER
#
#TUMEPRÊTES5EUROS
#JESUISRICHE #BONJOURMONSIEURLEBANQUIER
#BOUCLERSESFINSDEMOIS
#Money #COMMENTGÉRERSONARGEN
#MINIKIFDESALARIÉ

#Money #COMMENTGÉRERSONARGENT
#DÉPENSERSANSCOMPTER
#TUESRICHE
#BOUCLERSESFINSDEMOIS
#PLAFONDDEDÉPENSE #JESUISRICHE
#MINIKIFDESALARIÉ
#JESUISRICHE #TUMEPRÊTES5EUROS
#MONEYMONEYMONEY
#CommentGérer
SonArgent #DÉPENSERSANSCOMPTER
#PAYETAGALÈRE
#NOUVELLEVIEDADULTE #PLUSDEVIE
#PASASSEZDARGENT
#CHEMINSDIFFÉRENTS
#TROPDEPROJETS #PAYETAGALÈRE
#PAYETAGALÈRE #CLASHENTREPOTES
#PLAFONDDEDÉPENSE

LEXIQUE DE LA JEUNE DIPLÔMÉE

Diplôme :

Petit bout de papier qui signe la fin de ta scolarité : fin des stages, fin des mémoires, fin des interros surprises. Il indique aussi le début de la galère pour rechercher un boulot.

Entretien :

Moment redouté qui marque pourtant le début de l'espoir. Il faut bien les préparer, choisir sa tenue avec soin et passer le premier, le deuxième, le troisième tour. Allez, tu n'as qu'une chose à faire : les convaincre que tu es faite pour ce job !

Google :

Meilleur ami, pire ennemi. Ton aide numéro 1 pour ta recherche d'emploi, il connaît tes sites préférés, t'indique direct ce que tu cherchais : « Profession 2.0 », « Pôle Emploi », « Quels sont les métiers les plus cool ? ». Et, en même temps, il t'offre les pires distractions !

Lettre de refus :

Une petite lettre pour se débarrasser de la candidate, rien de plus. Moyen abject s'il en est, de te dire « Non », « Pas retenue», « Regret », « Bonne chance ». Tu finis malheureusement par les connaître par cœur. Mais, tu as compris un truc : toujours répondre aux numéros inconnus car les bonnes nouvelles arrivent par téléphone !

Projet professionnel :

Les deux mots qui lancent ta recherche d'emploi. C'est le moment où tu te rends compte que tu n'as jamais eu de projet professionnel. Tu sais ce que tu ne veux pas faire, mais aucune idée de la manière dont tu vas occuper le reste de ta vie.

Salaire :

Grâce à lui, tu vas pouvoir devenir adulte, tu vas pouvoir avoir ton appart, faire tes propres courses, t'acheter tous les sacs et toutes les fringues du monde ! Enfin, c'est ce que tu croyais. En vrai, tu vas pas rouler sur l'or, mais tu pourras dire fièrement à ta mère : « C'est avec mon argent que je t'ai fait ton cadeau », et ça, ça n'a pas de prix !

Stage :

Six mois d'expérience dans une entreprise, de quoi te donner une idée de ce que tu ne veux pas faire. Ah ! La belle époque où tu avais des responsabilités mais pas de salaire.

Statistiques :

Les statistiques, avec toi, ça ne marche jamais. Tu as bien relu les stats sur la brochure de ton école et tu ne rentres dans aucune catégorie. Les stats, tu trouves que c'est un peu la folie des nombres qui se veulent rassurants. Sauf que perdu, ça te rassure pas du tout !

MOTS CROISÉS
DE LA
JEUNE DIPLÔMÉE

HORIZONTAL :

1. C'est elle qui te permet de manger des chips au dîner et de rentrer à 2 heures du matin si tu veux.

2. Même que tu es diplômée de cette matière. Alors, mince, tu devrais la connaître !

3. Quand la RH t'a dit le chiffre, tu te voyais à Las Vegas, tu te voyais cliquer, cliquer, cliquer, sur toutes les ventes privées du monde. En fait, tu te rends compte maintenant que ça suffira à peine à payer ton loyer et tes courses.

4. Tu le cherches, tu le veux, tu l'auras ! Allez, chop chop, on ne désespère pas !

5. Celle que tu ne savais pas qu'elle te manquait avant de savoir que tu l'avais perdue, quand tu es retournée vivre chez tes parents.

6. Tu ne pensais pas connaître ça avec tes parents... L'avantage, contrairement à ce que tu as connu avec Anto ou avec le Suédois et la Malaisienne, c'est que là tu es nourrie, logée, blanchie sans rien payer.

VERTICAL :

1. Tu as passé six mois de stage, tu as décroché 120 ECTS pour lui ! Tu en es plutôt super fière, d'ailleurs. Tes parents aussi, vu qu'ils l'ont accroché dans le salon.

2. Ton Graal ! Trois lettres qui te comblent de bonheur.

3. Tu as déjà ton code, la moitié est derrière toi. Mais c'est un autre Graal sur lequel tu as fait l'impasse.

4. L'enfance, c'est fini maintenant. Une nouvelle page s'ouvre qui rime avec responsabilités, impôts. Tu en as rêvé, mais ça te fait un peu peur quand même.

5. Au début, tu en avais beaucoup quand tu faisais ta recherche d'emploi... Et puis, un peu moins. Et puis un peu moins encore. Mais ta mère est ton meilleur coach pour la retrouver !

6. Ton meilleur ami, indispensable pour digérer comme il se doit tes 120 g de pâtes.

REMERCIEMENTS

Alice est une fille de sa génération qui se cherche et va se battre pour se réaliser. Merci à toutes les filles de ma génération, qui le font tous les jours et n'ont cessé de m'inspirer :
Bala, Schleiss, Gladys, La Branque, Aurore, Ju, Yaya, Kimby...

Merci aux filles d'une autre génération, qui m'ont montré le chemin, modèles d'inspiration et d'originalité comme on n'en fait plus :
Balore, Mamichat, Mamifanf.

Merci à Nana qui s'est battue pour avoir la vie qu'elle voulait et m'a appris le sens du devoir et de la ténacité.

Merci à celle qui transcende toutes les générations, un modèle pour moi, pour Zel (que je remercie d'être déjà une source d'inspiration permanente) et pour tant d'autres. Celle qui m'a appris que rien n'est figé, que le monde est à portée de main (surtout si tu bosses le samedi matin). Celle qui m'a toujours poussée à me réaliser, à devenir qui je voulais être. Merci Mums.

Merci aux mecs qui m'accompagnent dans cette quête, toujours derrière moi, toujours avec moi :
Mon Mec Mortel, Toto, Zborn, Double, Biout, Papichat, Paps.

Merci à Alice, d'avoir partagé son Alice avec moi.

Merci à Françoise, parce que eh, quand même !

Bravo aux jeunes diplômés, qui continuent de chercher un sens à leur vie dans des jobs qui ne les comprennent pas toujours.
Bravo à leur famille qui accompagne leurs enfants, neveux, cousins dans des préoccupations qui leur échappent parfois.

Merci à toi, ami lecteur, qui t'es fendu de lire jusque ces derniers mots.
Un pas devant l'autre... et tu recommences !

CRÉDITS PHOTOGRAPHIQUES :

CRÉDITS PAROLES

#CAVAALLER #ALLEZMÊMEPASPEUR
#TUESADULTE
#MONEY #QUESTCEQUETUFAISLA
#LABROUSSECOMPLÈT
#MONDEDADULTES
#RENTRÉEDUNAUTREJOUR #CAVAALLE

PREMIERJOUR
MONEYMONEYMONEY
#ALLEZMÊMEPASPEUR #ARCHIPRÊT

#YOUCANDOIT
#CAVAALLER
#TUMEPRÊTES5EUROS
#JESUISRICHE #BONJOURMONSIEURLEBANQUIER
#BOUCLERSESFINSDEMOIS
#Money #COMMENTGÉRERSONARGENT
#MINIKIFDESALARIÉ

JEUNE DIPLÔMÉE

Site web :
www.jeunediplomee.com

@jeunediplomees

jeunediplomeeserie

#Money #COMMENTGÉRERSONARGENT
#DÉPENSERSANSCOMPTER
#TUESRICHE
#BOUCLERSESFINSDEMOIS
#PLAFONDDEDÉPENSE #JESUISRICHE
#MINIKIFDESALARIÉ
#JESUISRICHE #TUMEPRÊTES5EUROS
#MONEYMONEYMONEY
#CommentGérer
SonArgent #DÉPENSERSANSCOMPTER
#PAYETAGALÈRE
#NOUVELLEVIEDADULTE #PLUSDEVIE
#PASASSEZDARGENT
#CHEMINSDIFFÉRENTS
#TROPDEPROJETS #PAYETAGALÈRE
#PAYETAGALÈRE #CLASHENTREPOTES
#PLAFONDDEDÉPENSE

Culture geek

 404 éditions

@404éditions

@404éditions

snap404éditions

www.404editions.fr